次の大震災に
備えるために

アメリカ海兵隊の「トモダチ作戦」経験者たちが
提言する軍民協力の新しいあり方

ロバート・D・エルドリッヂ 編

KSS 近代消防新書 009

近代消防社 刊

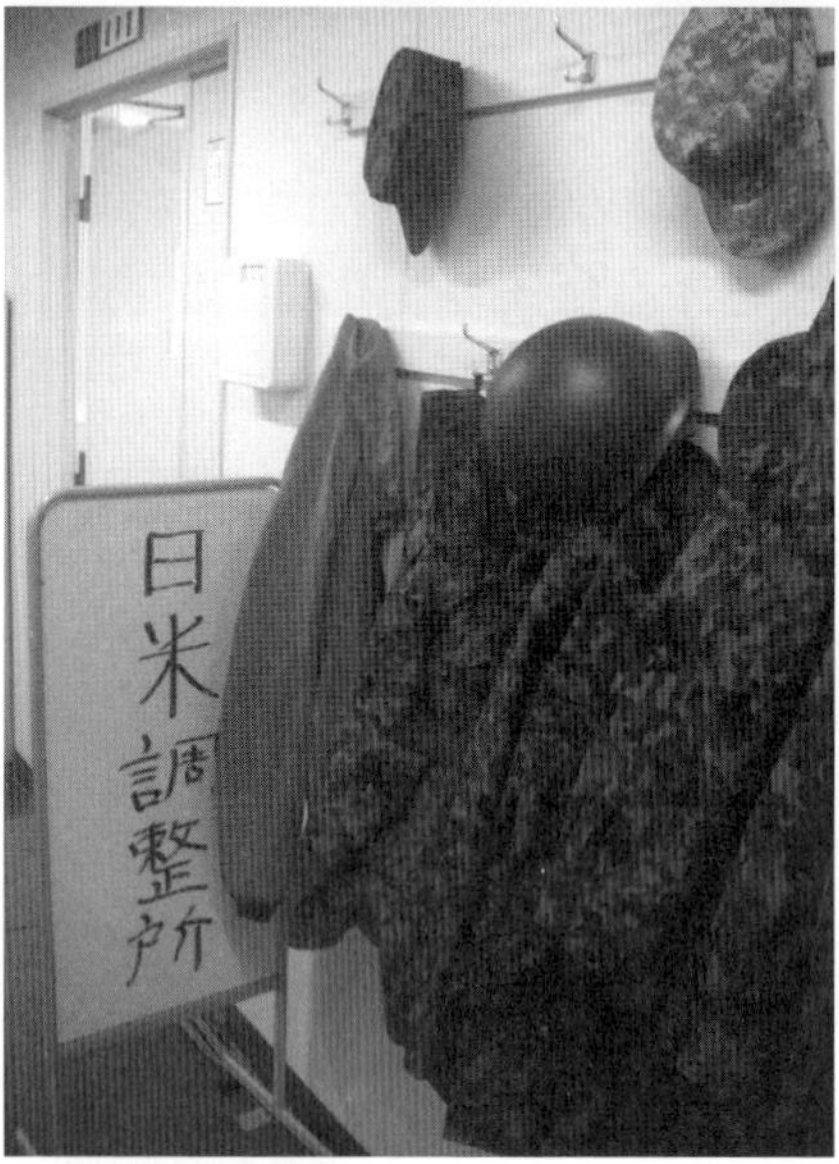

東日本大震災における米軍の救援活動「トモダチ作戦」のために陸上自衛隊仙台駐屯地内に設けられた日米調整所（日米調整室とも知られている）

次の大震災に備えるために

アメリカ海兵隊の「トモダチ作戦」経験者たちが提言する軍民協力の新しいあり方

目次

序　章　なぜ大震災に備える必要があるのか

ロバート・D・エルドリッヂ

在日米軍との災害協定の提案

私は東日本大震災当時、自衛隊仙台駐屯地にて編成された災統合任務部隊（東北方面総監指揮）の指揮下に配属された米国海兵隊第3海兵遠征旅団（後に在日米軍）の前方司令部隊における政治顧問として「トモダチ作戦」に深く関わることができました。元々学者であった私は、大阪大学大学院国際公共政策研究科の准教授として勤務していましたが、２００９年９月にその職を離れ、沖縄に司令部を

ロバート・D・エルドリッヂ

構える在日米国海兵隊基地外交政策部G－5の次長という職に就任しました。そしてその立場から、東北地域を襲ったあの痛ましく恐ろしい2011年3月11日の大震災に直面し、その職務を全うしたのです。

東日本大震災に伴う米軍の大規模な災害救援活動として知られるトモダチ作戦の丁度5年前、私は日本国内の大規模災害への対処における在日米軍活用の必要性を論じた数多くの提言を含む研究を既にまとめていました。「日本における大規模災害救援活動と在日米軍の役割についての提言」と題されたその研究は、大阪大学で私が主催したある国際会議を受けてまとめられたものでした（注1）。

「津波から1年」というタイトルで2006年1月に開催されたそのシンポジウムは、2004年12月に発生し南アジアと東南アジア地域に大きな被害をもたらしたスマトラ島沖地震とそれに伴う津波から得られた教訓に焦点を当てたもので、被災地の代表者や支援を行った日本や米国などの関係者に発表をしてもらいました。しかし、そこでの議論は支援を行う側の視点に立ってその重要性を論ずるものに終始し、誰一人として「もし同じような大規模災害が日本を襲ったらどうなるのか？　日本は国際救援を受け入れることができるのか？」という質問を行わなかったことに困惑したのです。私はその時あえて自分からその質問を投げかけることはしませんでした。日本人がそれを行う所を見たかったからです。しかし誰も質問しなかった。この事実が私を上記の研究に取り組ませる要因となりました。このような大規模災害時において米軍が担うことができる、あるいは担うことになるだろう役割について、私は特に関心を抱いていたのです。

しかし、その結果は残念なものでした。一つに、日本全国の災害に関する専門家に加え、日本政府（内閣府など）や自衛隊のメンバーらは米軍の役割に目を向けていなかったからです。その上、日本に既に駐留する在日米軍を〝国際救援〟として見る傾向があり、災害救援に活用できる装備や人員、経験、見識を持つ地域のパートナーであるとは認識していませんでした。さらに言えば、神戸大学大学院の学生として私自身も経験した１９９５年の阪神・淡路大震災の後に改革された日本の災害対応システムは、本質的に全くテストされたことがないものであったのです。

後の章で紹介するように、私は日本における災害の前、最中、そして発生直後における日米二国間の協力を強化するための多くの努力が行われるべきであると提言し、さらに二国間で災害時相互支援協定（Mutual Assistance and Support Agreement in Disasters＝MASAD）を締結し、米国（あるいはグアムなどその領土）にて大規模な災害が発生した際に要請があれば、日本政府は現地への自衛隊派遣を行い、日本で起きた際に要請があれば、米国政府が特に在日米軍を活用した同様の支援を行うという取り決めを行うことにまで踏み込んだ提案を行っていました。

しかしながら、プレゼンテーションや講演、政策決定者との面会などを通じて、この知見を普及させるための精力的な努力を行ったにも関わらず、残念なことに東日本大震災に至るまで誰一人としてこの警鐘と提言に注意を払う者はいなかったのです。

詳細は、本書の出版社が２０１５年に出した、日本安全保障・危機管理学会ワシントン事務所長の吉川圭一氏の著書『３１１以降―日米は防災で協力できるか？』の第2章で述べていますが、なぜそこまで災害の対応について提言をしているのかというと、神戸大学大学院で学んでいる時に、１９９５年1月17日の阪神・淡路大震災を体験したからです。同級生とゼミの後輩を含む6、４００名以上の尊い命が犠牲になりましたが、大きな被害を受けなかった私はその後の約3か月間、被災地でボランテア活動をさせて頂きました。危機管理体制の無さをはじめ、物理的な復旧、復興の成功とソフト面の心のケアの不十分さ（孤独死を含むいわゆる関連死の対策の遅れなど）を近くで見ることができました。その後、制度や法律の改善がありましたが、東京での直下地震による想定死者数をパニックが起きないように低く発表するなど、十分な対策が進められていないという苛立ちを感じました。日本の官僚的な思考から、想像的、大胆な危機管理体制に発展できなければ、阪神・淡路大震災の教訓は活かされていないのみならず、その犠牲者の死が無意味になります。私は決してそれをゆるせません。

特に、スマトラ島沖の地震により発生した津波災害の際に、米軍を中心とする日本を含めた国際連携のモデルができたにも関わらず、それを確実に同じような震災がいつか日本で発生するのに、なぜ応用しないのか。阪神・淡路大震災の被災者である私にとって不思議であり、苛立ちでもありました。

言い換えれば、阪神・淡路大震災の経験がなければ、おそらく、「日本における大規模災害救援活動と在日米軍の役割について」の論文は書くことはできませんでした。「しつこい外国人」と言われるほど、「神戸」は私の原動力です（**注2**）。

実は、全くの偶然に、私は東日本大震災の前日である3月10日にそれらの提言を総理官邸に送付していました。特に、震災に関する嫌な予感を抱いていたというわけではありません。確かに、私はしばしば未来の傾向を見極め、多くの人よりも先に問題点を見出すことができることがありますが、その時は、当時の菅直人内閣総理大臣がその年5月に米国を訪問する予定であることが発表されていた中で、両国首脳が会談する際に相応しいテーマが何もないのではないかと疑問を抱いていたからでした。米国海兵隊普天間飛行場の移設は常に問題となっていましたが、そこで何の進展もなさそうであったので、実質的に話す価値のある議題は当時殆ど無かったのです。したがって、私は両国の防災強化のみならず願わくは両国の指導者間や政府間の関係を深めるものになる「災害における相互支援と協力に関する協定」への署名のために、私の提言が活用されることを願って行動を取ったのでした。実際に菅総理本人がこの提言を東日本大震災前に目にしたかどうか私には知る由もありませんが、しかし、彼のスタッフや補佐らはそれを目にしていたと確信しています。

東日本大震災に伴い米軍が災害救援に活用された事実に対して、私は言うまでも無く満足していますが、しかしながら、日本において米軍に相当する組織である自衛隊が支援活動に米軍を実際に〝組み込む〟までには余りに時間が掛り過ぎたと考えています。米軍の災害支援が軌道に乗ったのは3月18日頃だったと私はみています。この遅れは防ぐことができた問題であり、それを数日早めることが可能であったはずです。もし私の提言が受け入れられていたとしたら、より速く適切な人材を仙台に集められていたはずであり、人員・アイデア・物資など必要なもの全てを同じくより速く移動できたはずであると考えています。

私の幾度もの要請にも関わらず、自民党や民主党政権が国内災害における米軍との協力関係構築に失敗してきた――私が思う〝失われた5年間〟――は、現在でも、私の心をかき乱しています。しかしこれは何も日本政府だけの責任ではなく、米国政府も同様にこのような提言の必要性や重要性に対して、無視に近い態度を取っていたことにも問題があるのです。米国の国際災害救援を担当する組織である米国国際開発庁（ＵＳＡＩＤ）のアジア地域責任者であったある職員は、２００６年12月に開催された大規模な日米の会議において私のプレゼンテーションの後に、観衆に向けて日本は近代的な先進国家であるため米国の支援は必要としないであろうと述べていました。その後、おそらく日本人参加者らにショックを与えたであろう白熱した議論が私と彼との間で交わされたのです。

幸いにも、トモダチ作戦によって、その後多くの進歩が見られるようになりました。そして、両国政府は2011年6月21日に発表された日米安全保障協議委員会文書である「東日本大震災への対応における協力」に見られるように、日本の災害における米軍の役割に対する妥当性について理解するに至ったのです。同文書の中で、防衛大臣や外務大臣から構成される日米の閣僚らは「地方公共団体によって実施される防災訓練への米軍の参加が、米軍及び基地を受け入れているコミュニティとの間の関係強化に資するとの認識を共有し」また「この大規模な共同対処の成功は、長年にわたる二国間の訓練、演習及び計画の成果を実証した」との日米双方の見解が述べられています。しかし残念ながら、東日本大震災という震災がなければこのことを認識することはなかったのです。

この2011年の文書では、日米両政府によってこの時点における具体的なビジョンが明文化されることはありませんでした。この発表が行われる前、私は2011年3月に、以前に提案した「災害における相互支援と協力に関する協定」を締結する必要性を再び論じた論点を発表しましたが、それに伴い、公務員という立場から政策提言を行うことはできないという「書面による注意」をワシントンから上司経由で受けたのです。あくまでも個人的な視点から書いたのであると私が強調して書いていたにも関わらず、その重要な断りは、広く転載されるうちに削除されてしまいました。

新たな日米防衛協力のための指針

幸運にも、静岡県の川勝平太知事はこのような積極的な提言を喜んで受け入れる人物の一人でした。彼のスタッフは2011年4月16日付で私の日本語版の論点（「米軍も防災訓練に参加を」）を掲載した『読売新聞』の関係者を通じて私に連絡を取ってきた後、私は同知事が沖縄へ訪問した際に直接お会いする許可を参謀長から得ました。さらにそのすぐ後の9月末、静岡県庁を訪れ、川勝知事をはじめ県幹部や職員らの前で、トモダチ作戦の教訓に関して講演し、彼らの優れた危機管理センターを見学する機会を得ることができました。この相互交流の詳細と静岡県の積極的なリーダーシップは、前述の『311以降――日米は防災で協力できるか？』の第1章と第2章にて、それぞれ見ることができます。

一つの鍵となったイベントは、川勝知事が主催し下田において開催された二国間の会議です。これにはジョン・V・ルース（John V. Roos）駐日米国大使をはじめ、日本に駐留する各米軍や自衛隊の代表らが出席したことに加え、さらに知事は中央政府高官や近隣の県や地域の関係者らも招待していたのです。彼のリーダーシップと優秀な職員の方々の働きが、静岡県が防災と日米協力の両方でモデルとなった理由の一つなのです。

静岡県との活動の後、私は、同様に高知県や和歌山県そして三重県の職員や議員らの前で、トモダチ作戦で得られた教訓に関してや未来の協力体制構築へ向けた講演を行うことができました。幸いにも、そこには防衛省職員や政治指導者らとの関係作りに役立つ多くの仲介者がいたのです。一方で、愛知や徳島、愛媛、岡山、兵庫、大阪、そして沖縄のような政治的な理由で米軍との関係を拒む県や、自然災害における協力体制の重要性を十分に理解していない県に対しては、病院や大学、ＮＧＯ／ＮＰＯなどといった非政府機関との連携を通じて知識の共有と事前の関係構築を図っていました。幸いに、２０１４年9月に、沖縄県は海兵隊に対して、離島の宮古島で行った県主催の総合防災訓練への正式な参加を要請し、私や数名の関係者が参加しました。

これらの努力の成果が実ったのか、日米両政府は２０１５年4月27日に新たな日米防衛協力のための指針を発表し、災害協力に関する問題に次のように言及しています。

E．日本における大規模災害への対処における協力

日本において大規模災害が発生した場合、日本は主体的に当該災害に対処する。自衛隊は、関係機関や地方公共団体及び民間主体と協力しつつ災害救援活動を実施する。日本における大規模災害からの迅速な復旧が日本の平和及び安全の確保に不可欠であること、及び当該災害が日本における米軍の活動に影響を与える可能性があることを認識し、米国は、自国の基準に従い日本の活動に対する適切な支援を行う。当該支援には捜索・救難、輸送、補給、衛生、状況把握及び評価並びにその他の専門的能力を含み得る。日米両政府は、適切な場合に同盟調整メカニズムを通じて活動を調整する。

日米両政府は、日本における人道支援・災害救援活動に際しての米軍による協力の実効性を高めるため、情報共有によるものを含め、緊密に協力する。さらに、米軍は、災害関連訓練に参加することができ、これにより、大規模災害への対処に当たっての相互理解が深まる。

しかしながら、二国間で正式な災害協力協定が交わされていないことを例に、そこには未だ多くのやるべきことがあります。少なくとも米国側において、（他の条件や義務が支援を困難にするか、あるいは提供不可能な場合に）見込みのある事前の災害協力に対して否定的な者が予想されたとおり存在する一方で、私は利点の方がそれらの問題を凌駕していると強く主張しているのです。すなわち、立案に携わっている計画者たちは、防災訓練への参加、既設する日米調整所に派遣するだろう人事交流、そして被災地になるだろう地域との事前の人的交流、意見交換などが実現できるからです。

はっきり述べると、私が２００６年に行った提言はその多くが未だ実行されていません。これは到底受け入れられるものではなく、私はこれらの提言が保留されている間に他の災害が発生してしまうのではと危惧しています。それゆえに本書の目的の一つは、官僚主義を介さず地方自治体や災害へ真っ先に対応する人々、地域や市民の指導者、そして災害の影響を受ける人々やそれに備える人々に対して直接私が10年前に作成した提案をもう一度紹介し、実現すべきであると強調することにあります。また同様に、本書では新しくより強化されたアイデアに加え、私が深く尊敬する他の人物らのトモダチ作戦の最前線で得た経験を元に追加された多くの提言も含まれています。

これらの提言の重要性を強調するように本書を纏めた直後の4月14日の夜、後に「熊本地震」と名付けられた地震が発生し、その約28時間後の16日の未明に、さらに強い「本震」が発生し、50名以上が犠牲となりました。17日に、在日米軍に対して、MV－22Bオスプレイなどによる救援活動の要請が日本政府からあり、米国は素早く応じました。普段、普天間海兵隊飛行場に所属しています、第265海兵中型ティルトローター飛行隊（VMM－265）は、現在、第31海兵遠征部隊に配属されています。同中隊は、フィリピンでの訓練が終えようとした頃、熊本地震の発生により命令を受け、山口県にある岩国飛行場まで飛びました。そこで点検、給油をし、詳細な任務の説明を

熊本県南阿蘇村に救援物資を運んだオスプレイ

受けてから18日より現地で救援物資など空輸支援を行いました。なお、23日に状況が安定し、支援を終了しました。同日の発表によれば、37トン以上の物資を輸送しました。

２０１３年11月のフィリピンの大型台風、そして２０１５年5月のネパールでの地震、沖縄を拠点とするオスプレイはこのアジア太平洋地域で既に地震など災害の対応で使用されていましたが、日本での災害対応に投入されたのは今回の熊本地震が初めてでした。

しかし、そのときまで、空港がない小笠原村の一木重夫議員の提案を受けて私たちが中心となって企画しました「小笠原でのオスプレイによる救急搬送」を２０１４年7月に実施し（参照：一木重夫「オスプレイは島民の命のつなぐ救世主」２０１４年8月20日、http://www.kanji.okinawa.usmc.mil/news/140820-osprey.html）、同10月に、長年展開していた防災協力の一環として和歌山県での防災訓練において、仁坂吉伸和歌山県知事の厚意でオスプレイの参加も実現しました（ご参照：ロバート・D・エルドリッヂ「（論説）防災訓練が架け橋となる」２０１５年1月9日、http://www.kanji.okinawa.usmc.mil/news/150109-eldridge.html）。

なお、今回、熊本での災害対応に参加しているオスプレイ8機の中には和歌山での防災訓練に参加した機体もありました。私を岩国から南紀白浜空港をはじめ、串本町、そして海上自衛隊の「いせ」まで運んでくれた機体が参加していました。要するに、米軍が防災訓練に参加すればするほど、実際の災害でより有効活用され、相互運用性が高まり、日米の連携が被災者の方々のためによりスムーズに行われ、通常の生活を一日も早く戻れるような体制に貢献できます。（そこで、防災訓練に自衛隊をはじめ、米軍の参加に反対しているいわゆるプロ市民の認識の甘さ、理解の少なさに悲しみを感じます。自衛隊や米軍にしかできない役割があるからです。直ちに、私が呼んでいる「政災分離」、つまり政治的なイデオロギーと災害を分けること、を国民として考えるべきだと思います。）

和歌山の防災訓練の際に、もう一つの嬉しい出来事がありました。それは、気仙沼市の菅原茂市長の見学でした。その直後の2014年11月に、東北で「みちのくＡＬＥＲＴ」という大規模の防災訓練が行う予定でしたが、同市の離島大島が積極的にオスプレイの使用を要請して、救援物資、要員や患者の輸送を想定した訓練のために大島に着陸することが決まっていました。近くで、菅原市長がオスプレイの活躍ぶりを見ることができ、おそらく地元に報告を行い、懸念を和らげたのではないかと推測しています。

訓練がいろいろな意味で大切と改めて感じました。能力や課題を確認すると共に、顔の見える関係や人脈作り、地理的な条件、地元の対策などなどことを自分の目で確認することができます。

今回、熊本では訓練ではなく、実際の作戦でした。しかし、同じことが言えると思います。それらの教訓をどのように、次の大震災に活かされるのかが重要です。

熊本地震の前にこの本を刊行する予定でしたが、踏まえてから出すことになりました。今回の対応に直接参加していいませんが、日米の連携はうまくいったと言えます。大変嬉しい限りです。この5年余り、米軍の中にいた私が先頭に立て「しつこい外国人」として押してきた防災協力の体制が確実に構築されつつあることが証明されたと思われます。

しかし問題はこれからです。安心はしてはいけません。熊本地震での米軍の支援は、米軍、特に海兵隊にとって簡単なものでした。本書で提言するものは、熊本地震以上のシナリオのものです。中央政府、地方自治体、自衛隊の能力を超えた恐ろしいシナリオです。

地震学では、熊本地震の位置づけは専門家の間でも議論があると思いますが、私が提示する危機管理の側面や「日米同盟管」から言えば、今回は、前回の東北大震災のように、終わりではなくあくまで警告です。早く次の大震災に備えなければなりません。

本書の構成

本書は以下のように構成されています。

この序章では、本書を読むに当たって必要な背景知識や予備知識を解説しています。

第1章では、特に米軍と自衛隊の相互連携時における調整側からの見解を紹介しています。これは日本戦略研究フォーラム上席研究員のグラント・F・ニューシャム（Grant F. Newsham）元米海兵隊大佐（退役）によって執筆されました。彼は軍人として、また外交官として在日米国大使館に勤務した経験を持つ弁護士であり、投資銀行やハイテク産業での勤務を含め日本在住は20年にもなる人物です。また、彼は初の自衛隊付海兵隊武官として連絡将校を務め、自衛隊の水陸両用作戦の能力向上に尽力し、ハワイに本部を置く太平洋海兵隊から派遣された武官として在日米国大使館勤務中は、情報収集と地域計画を指揮しました。１９９０年代中旬には外交官として在日米国大使館に勤務し、防衛と商務に従事していました。国際法を専門とする弁護士でもある彼は、アジアにおける安全保障問題についてのフォーラムで頻繁に講演しており、『クリスチャン・サイエンス・モニター』、『産経新聞』、『ジャパン・タイムス』

などに寄稿しています。

第2章では、アンドリュー・R・マクマニス（Andrew R. MacMannis）元米海兵隊大佐（退役）による運用部隊の作戦指揮面から見た証言を紹介しています。この証言は2012年6月に取り行われた司令官交代式の後、彼が米国へ旅立つ前に、沖縄県に位置するキャンプ・フォスター内にあるプラザハウジングエリアの彼の自宅にて行われたインタビューを文字として起こしたものが元になっています。マクマニス元大佐は1983年にペンシルヴェニア州立大学を卒業し、二つの修士号を取得しています。彼は4年以上の沖縄駐留を経験し、その殆どを第31海兵遠征部隊（MEU）で過ごし、大いなるリーダーシップを遺憾なく発揮しました。その後2010年6月に第31海兵遠征部隊の司令官に任命されています。東日本大震災が発生した当時、3隻の艦に分乗していた彼と第31海兵遠征部隊は東南アジアの洋上におり、彼らは競うかのように日本への帰還を目指したのです。インタビュー形式で展開されるこの章では、第31海兵遠征部隊が実際に行った救援活動やその挑戦、同部隊の司令官として直面した意思決定における苦悩、そして日本政府や自衛隊の海兵隊に対する理解の欠如などが語られています。豊富な能力や経験を持つ第31海兵遠征部隊を如何に活用するのか、そして日本にとって救いの手となる彼らの能力を理解することが如何に重要であるかがこの章で論証されることでしょう。

第3章では、日本の自然災害における軍民協力に関する私の最近の見解を紹介しています。ここで重要なことは、この章は私が2006年に初めて発表した提言を基礎にしているということです。この提言は発表以後2011年に至るまで無視され続け、その後も部分的にしか実行されてこなかったものでした。これを作成した時期でもある2001年～2009年の大阪大学大学院における学者時代を経て、私は2009年9月に在日米国海兵隊基地外交政策部G－5（後に米国海兵隊太平洋基地政務外交部G―7に改編）の次長に就任しました。その後2011年3月のトモダチ作戦においては、後に在日米軍に組み込まれた海兵隊前方司令部隊の政治顧問として仙台駐屯地で勤務し、同年からは日本中の震災に脆弱な地域、特に太平洋側の地域における米国海兵隊との災害時協力体制促進（いわゆる防災協力）プログラムを立ち上げました。多くの進歩と共に、私は内部的に抵抗や無関心そして反対意見を持つ都道府県にも足を運んだのです。この章では私の観点から見た、特に地元地域レベルにおける米軍との軍民協力に関して未だ行われるべきである様々な事項を紹介しています。

上記の要約から伺えると思いますが、各章のフォーマットは異なります。ニューシャム元大佐が担当した章は、提言を中心に書かれ、マクマニス元大佐のはより長いオーラルヒストリーの一部で、エルドリッヂの章はよりエッセイ的な纏め方です。

終章では、各章で述べられた様々な提言をリストアップし、さらに、それぞれの章では語られなかった他の追加提言と共に私の新たないくつかの意見を添えてあります。

本書を執筆する発端となったのは、２０１６年の1月初めに、マクマニス元大佐のインタビューテープを別の本（『大島と海兵隊の物語』集英社、近刊予定）のために再び聴いていた時、彼が何度も繰り返し未来に対して危機感を抱くべきであると述べていることに気付いた時でした。幸いにも彼からこのインタビューの内容を出版することに関して同意を得られた私は、即座に近代消防社の三井栄志さんへ連絡を取ったのでした。この出版社は以前私を取材し、その内容を掲載した本（注3）を出版しており、防災に関する質の高い本を出版していることを知っていたので、ぜひ本書を彼にプロデュースして欲しい、ぜひ本書のコンセプトを共有したいと思ったのです。三井さんからはすぐに好意的な返事が届きました。

それから私は、恩師の一人であるニューシャム元大佐と連絡を取ったのです。彼も即座に本書の執筆に協力することを承諾してくれ、彼の意見や提言をこの一冊に提供してくれたのでした。

阪神・淡路大震災と東日本大震災の災害対応を支援したことに加え、災害に関する極めて重要な日本の本の翻訳を担当した翻訳家としてや、在日米国海兵隊による防災協力プログラムの発案者かつ実行者として、私はこれらの教訓を啓発し普及できると心から信じており、多くの人々——指導者、世間、地方自治体、救急対応を担う人々——がこの本を手に取り、何かを得ることができればと願っています。そして、願わくは本書が彼らの計画や災害対応能力そしてその準備体制の改善に貢献し、それによって日本人とこの素晴らしい国を訪れ、あるいはそこに住んでいる他の人々の命が救われることを祈っています。

（注1）ロバート・D・エルドリッヂ、アルフレッド・J・ウッドフィン「日本における大規模災害救援活動と在日米軍の役割についての提言」『国際公共政策研究』題11巻第1号（2006年9月）、144～158頁。（英語版である〝Planning for the Inevitable〟はその半年前の同年3月に、同大阪大学大学院国際公共政策研究科内の国際安全保障政策研究センター発行のU.S.-Japan Alliance Affairs Series, No.5に発表された。

（注2）小西博美「しつこい外国人」『神戸新聞』2016年1月24日。
（注3）吉川圭一『311以降——日米は防災で協力できるか？』近代消防社、2015年。

第1章　調整側からの見解

グラント・F・ニューシャム元米国海兵隊大佐

トモダチ作戦の教訓

東日本大震災から5年が経過した現在においても、私は未だに「トモダチ作戦」について考えています。震災がもたらした余りにも大きな被害は、被災地域における米軍と自衛隊間の連携や自衛隊内部の連携、そして

グラント・F・ニューシャム
元米国海兵隊大佐

「トモダチ作戦」期間中、仙台に設置された日米調整室（BCAT）において米国側の長を務める。軍人として、また外交官として在日米国大使館に勤務した弁護士。初の自衛隊付海兵隊武官として連絡将校も務めた。日本戦略研究フォーラム上席研究員。

救援活動に参加した民間人や民間団体との連携に関して数多くの問題点を露わにしました。より良い連携を図ることで、より多くの命を救えたり、より被害を減らすことができたはずなのです。

災害救援作戦における連携とは〝単純かつ困難〟な作業です。多くの場合先見性の欠如と惰性によって、人がその作業を必要以上に難しくしているとも言えるでしょう。災害に対するより万全な準備はより優れた対応に繋がり、多くの命を救うということはもはや自明の理でありま す。地震や津波、もしくはその両方が発生してから動くのでは、必ずその対応に失敗することになるでしょう。

「トモダチ作戦」における自身の経験に基づいて、私は次に挙げる概念や対策が人道支援／災害救援（Humanitarian Assistance/Disaster Relief＝ＨＡ／ＤＲ）作戦における適切な連携のために必須であると考えます。そして最も重要なことは、これら全てを災害の〝発生前〟に終わらせておくべきであるということです。

事前計画の策定

これは最も重要なことで、災害対応計画は実際に災害が発生する前に準備されているべきものです。この計画では「やるべきこと」と、それを「いつ」「どのようにして」「誰が」「なぜ」やるのか、明確かつ詳細に決定されていることが求められています。日本国内の多くの市町村では、長年続いている地震等に備える防災訓練の一環として既にこの計画が策定されている一方で、民間協力や自衛隊との連携は、組織の一元化によって災害支援をより効率的にするにも関わらず、歴史的に極端に制限されてきました。

災害発生直後から直ちに活用できるもう一つの救援ソースである在日米軍との連携は最近まで殆ど見られていませんでした。外国の軍隊と連携する際、事前の計画と調整はより重要なものとなります。これは言語や文化の違いや作戦遂行手順の違い、法的要件、そして他の様々な点における摩擦が考えられる為であり、同様に日々の相互理解や人員の相互派遣の欠如は、多くの場合において災害対応の調整を容易にする密接な関係作りを阻害してしまいます（詳細は、ロバート・D・エルドリッヂ氏が担当した序章及び第3章を参照）。

勤勉に事前計画を練ることによってこれら全ての障害は克服することができます。ただし軍や文民の指導者などにその意思が無ければ行うことはできません。

練習、練習、練習

優秀かつ詳細な計画が存在しても、それを実践する訓練が殆どされないのなら、その計画はほぼ役に立たないものとなります。例えば、読売巨人軍や阪神タイガースといった野球チームを考えてみてください。彼らがオフシーズンの春季キャンプやシーズンを通して試合間にも練習を怠らないのには理由があります。日々の練習なくして、試合中の素晴らしい連携はあり得ません。常識として、努力すればするほど得られるものがあります。災害救援を行う軍や民間組織も丁度この野球チームと同じで、定期的な練習が必要なのです。東日本大震災以前、自衛隊と米軍間や陸・海・空各自衛隊間で十分にＨＡ／ＤＲ訓練が実施されていなかったことは大変残念です。

〝災害前〟から適切な場所に設置された災害対応組織または社会構造の確立

正式な組織は連携調整活動を行う上で〝センター〟として機能します。この組織は専門職員が割り当てられ、組織内で災害救援活動を実施する手順が確立されているべきものであり、東日本大震災においては、東北の仙台駐屯地に設置された二国間危機対応チーム（Bilateral Crisis Action Team：ＢＣＡＴ）が自衛隊と米軍とを連携させる〝リンク機構〟として災害救援活動の最前線で活躍しました。当時同様のＢＣＡＴは横田空軍基地にも設置され、米軍と自衛隊間のより上層部における調整が行われました。

ＢＣＡＴやそれに準ずるものは、災害救援における個々の役割を果たす鍵となる人物らで事前に構成されていること

仙台に設置されたＢＣＡＴの様子

とが求められます。もちろん高い柔軟性が求められており、特にこのＨＡ／ＤＲ組織自体を災害発生地域の近くに設置する必要性もあります。

ＢＣＡＴは唯一の可能性ではありません。自衛隊は仙台にて即座に災統合任務部隊を編成し、陸・海・空自衛隊の統合的な救援活動の調整を行いました。これは賢明な判断であったと言えます。しかしながら、自衛隊として統合任務部隊を運用したのはこの時が史上初であり、各自衛隊間の連携経験の不足は救援作戦を妨げる要因となりました。

ここで最も重要なことは、災害救援作戦に対して適切な姿勢で臨むということです。もしＨＡ／ＤＲ活動の参加者らがお互いに協力する意思を本当に抱いているなら、多くの障害を克服し協力を促進していくことでしょう。トモダチ作戦がいくつかの重要な成功を収めることができた一つの理由は、作戦の鍵となる日米の指導者らの間で協力関係への〝好意的な期待〟とそれを実現するという確固たる意思が共有されていた為でした。上層部の適切な姿勢は自然と現場レベルまで浸透していくものです。

“発生前”における米軍と自衛隊の事前連携の強化

連携とは日々のルーチンであり深く身に付いた習慣である必要があります。トモダチ作戦時、海上自衛隊と米国海軍の顕著な例を除いてこのような連携は殆ど見ることができませんでした（注1）。

２０１１年時点で米軍の日本駐留は65年にも及んでいたことを考慮に入れると、震災直後における海上自衛隊と米国海軍を除いた日米間の無計画かつその場限りの連携はある意味驚くべきものであり、お互いがまるで初めて米国人や日本人を目にしたような状況だったのです。また私の知る限りにおいて、２００６年から当時大阪大学大学院の准教授のエルドリッヂ氏が繰り返して提案されたにも関わらず、米国海兵隊はそれまで一度も日本側と連携したＨＡ／ＤＲ作戦を計画したことは無く、準備が疎かであったと言えます。これは東北で苦しんだ人々に対する驚くべき怠慢でした。

この相互理解の明らかな欠如は、トモダチ作戦期間中の仙台ＢＣＡＴにおいてしばしば見受けられました。「何が必要ですか？」という海兵隊の問いかけに対して、「何を持っているのですか？」と自衛隊が返すやり取りが頻繁に行われ、度々両者は初対面であるかのように錯覚させられる程だったのです。

災害前における事前連携の欠如を示すもう一つの具体例として、水陸両用作戦能力を持つ米国海兵隊第31海兵遠征部隊（ＭＥＵ）の活用が遅れたことが挙げられます（第２章のインタビューを参照）。おそらく適切な時機よりも1週間から10日ほどそれが遅れた為に、その間の救援活動や被災者に対する極めて重要な支援が保留されてしまうことに繋がりました。その主な理由は、自衛隊が第31海兵遠征部隊の持つ物資や装備、能力、そして同様にそれらの活用ノウハウを理解していなかったからであり、結果的に同部隊は宮城県気仙沼市の大島にて素晴らしい仕事をしたものの、彼らの能力はより早い段階から活用されるべきものであったのです。何十年も続く日本駐留によって、米軍と自衛隊の相互理解は極めて深化しているはずだという人々の予想は、現実と大きく乖離していました。

72時間前の計画

もし連携や調整を上手く行いたいのであれば、常に先を見越した思考をすべきです。日本人は度々、あたかも米国人が如何なる支援も即座に提供できる魔法の力を持っているかのように考えている場合があります。実際に自衛隊も米軍に対して、72時間前から手段を講ずる必要のあるような任務を唐突に要請してくることがしばしばありました。先を見越した事前の要請があれば、米軍は部隊展開や作戦準備をより容易に行えたはずであり、求められた支援を確実に達成することができたはずなのです。しかしながら、トモダチ作戦の経過に伴いそれにはかなりの改善が見られました。

日本と米国の連絡官

日本と米国の連絡官（Liaison Officer ＝ＬＮＯ）らは、米軍と自衛隊の連携や民間との連携を促進する上で無くてはならない存在です。陸上自衛隊は第31海兵遠征部隊に対して連絡官の派遣を行い、海上自衛隊の連絡官らは比較的初期の段階から米国海軍の艦へ同乗していました。またトモダチ作戦期間中、少数の米国側の連絡官も自衛隊部隊へ配属され様々な任務を果たした一方、必要な人数が派遣さるまでには余りに時間が掛り過ぎていました。繰り返すと、〝災害前に〟お互いの連携に注意を払っておくことが必要不可欠であり、これは双方に適当な数の連絡官を派遣することも含まれています。

災害前、そして災害後における民間との連携強化

発生場所に関わらず殆どの自然災害において、軍隊はそのリソースや能力の点で災害対応時の先導的な役割を果たすのに最適な組織です。したがって、軍隊と民間当局間の協力や調整は必要不可欠なものです。しかし、仙台のある自衛隊の同僚は私に対して、地元の特定の民間当局が震災前も震災後も自衛隊との協力を、度々しぶるような姿勢を見せると話していたのを覚えています。

同様に、米軍側の支援の申し出も地元の職員らによって度々断られることがあり、それはお

そらく我々が〝外人〟であり、しかも〝外国〟の軍隊が支援を申し出ているという事実に起因していいます。これはもちろんよくあったことではありませんが、被災地域における多大な援助需要を考えると無視できない行政、政治、あるいは文化的な問題であると言えるでしょう。

もう一つの興味深い現象として、中央政府と各地域の民間避難所との連携が欠如しているという点も挙げられます。これは注目すべき問題であり、各避難所では政府や自衛隊もしくはその両方の存在感や、救援活動における連携を保障しておくことが極めて重要です。この〝官〟の存在感は、避難民らが忘れられていないということを目に見える形で証明し、彼らに対し精神的な安心感を与えられることに加え、地域の状況や救援が必要な場所に関する正確かつタイムリーな情報の収集に貢献するのです。

明確な指揮系統の確立—誰がどの担当であるのかの決定

明確な指揮系統は、災害救援活動に関わる多くの当事者間において、適切な連携を図るために必要不可欠なものです。各自衛隊や米国をはじめとする他国の軍隊、民間の団体や組織などそれぞれ異なる主体が災害救援に参加している際には、それらを包括する〝指揮系統〟が必ず存在するべきであり、前もって熟考され確立されているべきものです。災害が発生してから〝その場で〟決められるようなことではありません。

明確な通信網の確立

効率的なＨＡ／ＤＲ作戦の調整や遂行のためには、お互いの意思疎通と滑らかな情報共有が切れ目なく行われることが必須です。一見それは簡単であるかのように聞こえますが、実際には想像よりも遥かに困難な作業であり、異なる軍隊や部隊と民間組織がコミュニケーションを取る必要がある場合に特に難しくなります。これは自衛隊内においても歴史に残る問題であり、陸・海・空自衛隊間ですら互いの通信能力は限られていると言えましょう。一方彼らの米軍との連絡能力に関しては、問題無いとは言い切れないもののある程度優れていると言えます。

コミュニケーション無しの連携などあり得ません。この短所は優先課題として早急に解決されるべきです。

インテリジェンス（情報収集活動）の重視

被災地域で何が起こっているのかを正確に理解していなければ、連携を行うことは困難です。したがってインテリジェンス（情報収集活動）の重要さは言うまでもないでしょう。しかし、米軍は共有すべき多くの重要な情報源を持っていたにも関わらず、自衛隊は米国側が提供した情報やその活用法を十分に理解することはありませんでした。繰り返し強調すると、自衛隊と米軍が互いの能力を正しく理解するためには、事前計画や練習そして適切な連携が重要であることをこの問題は物語っています。

災害救援を調整する上で、自衛隊はインテリジェンスに関する他の問題も抱えていました。それは、災害時における自衛隊の災害救援スキームが基本的に地方自治体からの要請を元にしていたという点です。通常日本では災害が発生すると自治体の災害対応を担う職員らが地域の被害状況を査定し、その上で必要な援助を自衛隊に要請します。理論上これは良い方法ですが、実際には、震災当時その専門職員らの多くは他の人々と同様に被災し、彼ら自身が津波や地震の犠牲者となったり、その職務を遂行することができない状況に陥ってしまったりしたのです。

これは結果的に〝インテリジェンス〟システムそのものの崩壊を引き起こしました。

この短所はおそらくあらかじめ予想できた問題であるし、事前の計画とリスク評価によって改善できたはずでしょう。また自衛隊や警察がその〝インテリジェンス〟の役割を補完できたはずです。

統合運用作戦の実施

統合運用作戦とは単に各自衛隊間の継ぎ目のない連携のことです。しかしながら、歴史的に、陸上自衛隊と海上自衛隊そして航空自衛隊はどんなことがあろうとも協力して作戦を実施することはほとんどありませんでした。これは東北におけるＨＡ／ＤＲの対応を遅らせ、その活動を非効率なものにした原因となりました。これはエルドリッヂ氏がいう、東日本大震災での自衛隊の対応は、「共同ではあったが、統合で無かった」ということです（注2）。

水陸両用作戦

島国である日本にとって、水陸両用作戦は多くの災害シナリオにおいて欠かすことのできない能力です。この作戦では、陸・海・空の三つの自衛隊がそれぞれ独自に保有する能力を統合運用した高度な連携が必要とされます。これはそれぞれの軍種が自己完結的に行う〝単体作戦〟とは一線を画したもので、例えると、一本の指ではなく三本の指を連動させて何かを掴もうとすることに似ています。

米国海兵隊と米国海軍が統合運用された部隊である第31海兵遠征部隊は、軍内部における連携の素晴らしい例です。幸運にも自衛隊は現在、統合運用能力を有する同様の部隊を創設しつつあり、日本国内やアジア・太平洋地域におけるＨＡ／ＤＲ作戦にとって理想的な部隊となるでしょう。

しかし残念ながら、東日本大震災が発生した２０１１年時点で日本が水陸両用作戦能力を保有していなかったことから、統合運用された水陸両用能力を駆使した救援活動を行っていれば震災直後の凍死などによって失われた命を救うことができたのです。

結　論

私の20年以上に及ぶ日本生活の中で、トモダチ作戦はおそらく私にとって最も深く記憶に刻まれ、心を動かされた経験となりました。東北における救援活動で微力ながらも貢献できたことは大変光栄に感じています。HA／DR作戦における連携に関する上記の論評によって様々な改善が施されることを切に願い、来たるべき未来の災害が発生した際には、自衛隊や米軍そして地域社会が２０１１年の東北で得た教訓を活かし、より効果的に対応できることを願っています。

（注１）海上自衛隊と米国海軍は、より確立された良好な関係を過去数十年に渡って維持しており、事前計画や現実に即した作戦演習を行っていたことから、その連携は素晴らしいものがあった一方、他の米軍や陸・空自衛隊はそれを行うことができませんでした。しかしながら、皮肉にも震災時の海上自衛隊と陸・空自衛隊やその他の米軍との連携は制限されていたと言えます。したがって、最

初の10日間における海上自衛隊と仙台で編成された自衛隊統合任務部隊との協力や連携は最小限のものでした。確かに物理的に統合任務部隊司令部が設置されたとはいえ、そこでは航空自衛隊および海上自衛隊と、陸上自衛隊との間で大きな隔たりがあったように見受けられました。事前計画と練習の重要性をここでもう一度強調しておきたいと思います。

（注2） 吉川圭一『311以降——日米は防災で協力できるか？』第2章参照。

第2章　運用部隊側の見解（マクマニス元大佐インタビュー）

聞き手：ロバート・D・エルドリッヂ

本章は、第31海兵遠征部隊（MEU）の隊長であった・アンドリュー・R・マクマニス（Andrew R. MacMannis）元米国海兵隊大佐と帰国直前の2012年6月12日、沖縄県にあるご自宅で行ったインタビューである。このインタビューは、エルドリッヂが纏め

アンドリュー・R・マクマニス
元米国海兵隊大佐

米軍戦争大学（国家戦略学の修士号取得）で学び、国防省の統合参謀本部の戦略と政策部内で、戦略課長及び政策課長を経験した。東日本大震災において、第31海兵遠征部隊の指揮官としてトモダチ作戦に参加。その後、海兵隊戦闘研究科の副司令官を務め、2014年、退官。

ている「トモダチ作戦」のオーラルヒストリーのインタビューの中、本書と最も関係する部分を中心に紹介します。

東日本大震災が発生した当時、三隻から構成される第31海兵遠征部隊は、東南アジアに行っていました。マクマニス元大佐が乗っていた強襲揚陸艦エセックスは、カンボジアでの演習後マレーシアに寄港していました。それ以外の二隻であるドック型揚陸艦ハーパーズ・フェリーとジャーマンタウンは、２０１１年3月14日から18日まで予定されていた多国間防災訓練に参加するためにインドネシアへ向かって航行中でした。

マクマニス元大佐へのインタビュー

エルドリッヂ　このインタビューの目的は、「トモダチ作戦」中の第31海兵遠征部隊の活動について聞くことです。ＡＡＲ（After Action Reports）という総括ないし教訓に関する報告書は数多くはありますが、組織記憶が失われないうちに纏めたかったと思います。

マクマニス　それはありがたいですね。どうぞ。

エルドリッヂ　任務の途中で、日本に帰還するという指示は、正式な命令というより、国際電話による口頭に近いものだったのですね。

マクマニス　そうです。そのとおりです。

エルドリッヂ　「日本へ戻れ」という派遣要請があるかもしれないということを想定し、実際にその命令が下る前にすでに準備を始めていたということですね。

マクマニス　そうです。その後正式な派遣命令が我々に出たはずですが、正直に言ってそのことについて私はよく覚えていません。なぜなら、正式な命令があるか無いかは重要では無く、その可能性がある時点で我々は既に派遣準備を独自で始めていたからです。つまり、実際にその日の夜に正式な要請が届いた頃には、すでに我々はいつ日本に呼び戻されても良いよう

第31海兵遠征部隊の強襲揚陸艦エセックス

な準備態勢を整えていたのです。横須賀の司令部を拠点にする米海軍第7艦隊司令官スコット・R・ヴァンバスカーク（Scott R. Van Buskirk）海軍中将との協議において共通していた認識は、我々が派遣されることは明白であり問題はそれがいつなのかということでした。したがって早めに準備を進めたのです。

日本に到着するまでの6日間

エルドリッヂ　日本へと向かい始めた時点で、あなたは何をすべきか検討し始めていましたか？　つまり、作戦計画を練り始めていたのでしょうか？

マクマニス　我々はすぐに作戦計画を考え始めましたが、大変な作業でした。なぜならエセックスの全速力で向かったにもかかわらず、日本に到着するのに約6日掛ったのです。それほどマレーシアは日本から遠かったのです。またこの6日間の間に我々は作戦計画を練りましたが、被害を受けた地方は北から南までかなり幅広い地域でした。広い被災地の対策について立案・計画して実施するのは難しいことです。むしろ、災害救援活動のために一つの場所に集中すれば良いと思います。したがって我々の派遣先を決める為にも、まず大まかに支援を必要とする地域を割り出す作業が先です。そこで我々は関連する地域全ての地図を集め、全交通網の確認とその時点で得られていた全ての情報を精査しました。現地で直接被害状況を明らかにし、その深刻さを正確に把握する作業を行おうとしました。任務や派遣地域を決定しなければ、完全な支援活動の作戦立案は不可能です。したがって日本に到着するまでの最初の6日間においては完全に手探りの状態でした。

加えて、日本に近づくにつれ我々の大きな懸念材料となったのが東京電力福島第一原子力発電所に関する問題です。作戦立案の過程として軍上層部との「戦場の情報準備（Intelligence Preparation of the Battlefield＝ＩＰＢ）」を行った際、日本列島の西側沿岸沖（日本海）と東側沿岸沖（太平洋側）のどちらに部隊を展開するかで議論になりました。我々は当初から東北地方の東側に直行することを望んでいました。その理由は東海岸が震災における全ての被害が集中する地域であったことに加え、地図を見ると東北地方の中央には東西を分断する山脈が位置しており、当時の季節的な雪やその他の悪天候によって西側から東側への移動は、車両での移動はもちろん、ヘリコプターによるものも含め大変困難であろうと判断したのです。

しかし東側には放射線の影響など不確定要素が数多く存在していたため、最終的に我々は安全を考慮し、まず西側沿岸沖へ部隊を展開させ、そこから何ができるかを検討するよう指示を受けました。しかし震災発生から6日が経ち日本近海に到着した後でも、我々は未だ本格的な任務を受けてはいませんでした。そこで、我々は実際に西海岸へ上陸し情報を集めるという仕事に就きました。私は艦隊司令官や部下ら4人～5人で秋田県の沿岸部に上陸し、地元の人々との面会を行い新たな情報収集と現地の道路状況を探ることにしたのです。また、ここを拠点に救援作戦を行うとすれば現地の港から上陸し陸路で被災地まで向かうことになると想定していたため、この時点で未だ具体的な任務が得られていないとは言え、少しでも優位に状況を進める為、我々は港の管理者や地元の警察関係者らと会い協議を行いました。「どこに行けるのか?」「どこに上陸できるのか?」「汎用揚陸艇（Landing Craft Units＝LCU）やエア・クッション型揚陸艇（Landing Craft Air Cushion＝LCAC）はどこで使用できるのか?」「警察とどのように連携すればよいのか?」など、4時間～6時間の地上滞在中に海兵隊の上陸に関わるこれらの疑問に関して地元地域との協議を重ねたのです。その後艦に戻ったのですが、やはり有効な救援活動を行う為には、日本列島の西側における部隊展開では不十分であると感じていました。

米国海兵隊に関する誤解

エルドリッヂ　実際に第31海兵遠征部隊に何ができるのか、その能力に関して日本側に見落としや誤解があったのではないですか？

マクマニス　私が思うにそこには二つの問題がありました。まず、日本の海上自衛隊と陸上自衛隊の間には――余り正確な言葉ではないかもしれませんが――共に活動しようとする雰囲気がなかった気がします。陸上自衛隊は地上で、海上自衛隊は海上でのみそれぞれ仕事を行うだけで、決して双方の活動がシンクロしてはいないと感じました。さらに、海上自衛隊は〝海兵隊は陸軍戦力〟として認識しており自分達とは関係ないと考えていたし、一方で陸上自衛隊は私達（海兵隊）が揚陸艦に乗船して海から上陸を行うことから〝海兵隊は海軍戦力〟であると考えていた為、こちらもまた我々と共に仕事をすることを想定していなかったように感じられました。

したがって彼らは、我々海兵隊を十分に活用する上で海上自衛隊と陸上自衛隊のどちらが中心となるべきなのか困惑していたのです。このように海兵隊がすぐに本格的な任務に取り組めなかった原因は、原発事故やその影響を考慮し被災地沿岸まで接近しなかった米国側の決定に加え、自衛隊内における海兵隊への理解が十分でなかったことも一つの要因となったと考えています。彼らはまた我々の装備や艦内に備蓄してある物資等に関して正確な理解が無かった為に、海兵隊をどこへ派遣すべきか何をさせるべきなのか分かっていなかったのです。この時から我々の下には海上自衛隊と陸上自衛隊の双方から連絡官が派遣されてきました。また、我々が米海軍の空母ロナルド・レーガンを訪れたのもこの時であり、その後この連絡官らが素晴らしい働きをします。

当時の日本側は米軍に支援を要請したくなかったのか、それとも要請する必要が無いと判断していたのか、我々には全く任務が与えられない状況が続いていました。空母は「他の誰かからの要請を受ければその任務を行い継続する」というように考えており、我々も未だ司令部から命令を待っている段階で何をすべきか分からないという状態でした。

そこで様々な報告などを元に我々に可能な任務や行ってほしい活動などを、指揮系統を通じて自衛隊へと連絡していましたが、彼らの米軍に対するタスキングプロセスはこの時も未だ——我々が東北海岸に移動した数日後でさえも——機能しているとは言い難い状態だったのです。彼らは単純に海兵隊をどこでどのように活用してよいか理解していませんでした。要請が無い以上、我々は自ら任務を見つけるしかありません。そこで情報収集のためのいくつかの偵察飛行と燃料や補給物資の空輸などを開始しました。しかしそれも1日にただ数回のミッションのみであり能力を完全に持て余していた中で、ようやく自衛隊の連絡官が我々の元へ到着するという転機が訪れたのです。我々はその連絡官らに対して持っていた全ての装備や能力を見せることから始め、彼らを通して自衛隊司令部へとその情報を伝えてもらったのです。しかしこの時点においても、我々は未だ自衛隊内の海か陸かという考え方の差異によって板挟みを受けていました。彼らは誰が海兵隊に任務を与えるのかを長い間理解できないでいたのです。

自衛隊からの連絡官

エルドリッヂ　私は陸上自衛隊と海上自衛隊ないし航空自衛隊との間で生じていた多くの摩擦

を目にしました。ある時、仙台駐屯地に設置した日米調整所で日本側の代表で陸上自衛隊のある将校が他の自衛隊組織の将校との間で口論となり、組織間の対立と極度の疲労も相まってその討論の後泣き崩れてしまったのです。そこまで怒っていて疲労が限界を超えてしまったのでしょう。さて、自衛隊の連絡官があなたの艦に派遣されましたが、彼らはどのようにして乗艦したのでしょうか？　第31海兵遠征部隊が要請したのですか？　それとも自衛隊側の要請ですか？

マクマニス　海上自衛隊側の連絡官はある程度初期の段階から我々と行動を共にしていました。なぜなら我々が東北地方の東側に移動した時には、海上自衛隊の艦船も同じく同海域に配備されていたからです。日米双方の多数の艦船が集結していたため、海上自衛隊の連絡官に来て頂くことは比較的容易でした。そこで我々は陸上自衛隊の連絡官の派遣を要請しました。この時我々は本格的な救援活動を行うため、連絡官を派遣することを強く推していた一方、過去の災害派遣の経験から必ずしも相手にとって都合が良いことばかりではないことも知っていました。連絡官を派遣したければ、相手の連絡官も受けることを提案するとよりスムーズに実現できます。相手も通常、連絡官を派遣するのを望んでいますので、こちらから派遣の提案を行った場合、受け入れて頂きたいと思います。陸上自衛隊の連絡官を艦に派遣して頂けたのは、そのやりとりがあった結果だと思います。彼らは海上自衛隊の連絡官が来た数日後には到着しました。このように自衛隊の連絡官らが艦に常駐して頂いたことは、海兵隊が支援活動を行う上で大変有益でした。なぜなら、彼らは、他の組織と具体的な関係を持っていたからです。

エルドリッヂ　自衛隊の連絡官は何名常駐したのでしょうか。

マクマニス　海上自衛隊から2人、陸上自衛隊から3人の連絡官の派遣を受けましたと記憶しています。連絡官らは24時間態勢で我々の艦に常駐するため、実際にはそれ以上の隊員らが乗艦し交代制で任務に就いていました。私は現在でも、できるだけ多くの連絡官と活動を共にすることが人道支援活動・災害救援を成功させる鍵であると考えています。

米国の海軍と海兵隊の意志決定プロセス

エルドリッヂ　海軍幹部らと共同で行う意思決定プロセスにおいて、海軍側は放射線の影響を考慮して被災地沿岸に近づき過ぎることあるいは海兵隊の人員や装備を上陸させることをためらっていたとあなたは述べていましたが、ではどのようにして海軍と海兵隊のそれぞれの大佐あるいは艦長らは共に意思決定を行ったのでしょうか？　最終的には海軍の判断にゆだねられたのですか？

マクマニス　そのとおりです。

エルドリッヂ　様々な情報や意見のなかで、どのようにして決定しましたか。誰が最終的な判断を行ったのですか？

マクマニス　私と海軍提督は常に隣同士で仕事をしていました。私達は本当に良好な関係の下でこの任務に就いていたため、この災害派遣の期間中において些細な討論はあれども一度も摩擦が生じたことはありません。二人の間で互いに共通していた意見は〝もし誰かが助が必要であると言えば、いつでもすぐに支援を行えるように我々はここにいる。私たちは「ノー」というつもりはありませんでした〟という認識です。もし要請があれば我々はたとえガスマスクやNBCスーツを装備してでも救援活動を行うという覚悟だったのです。したがって誰かが「これができますか？」「この任務が可能ですか？」と質問してきた時には、我々は必ず「イエス、できます！」と答えていました。したがって海兵遠征部隊と水陸両用即応グループ（Amphibious

Readiness Group＝ARG）との間で何らかの摩擦があったというのではなく、問題は我々の能力を十分に発揮できる本格的な任務を得られるかどうかだったのです。我々はただ第7艦隊から本格的な任務が下るのを待つ必要がありました。

エルドリッヂ　もし、将来再び第31海兵遠征部隊が救援活動でどこかおそらく太平洋沿岸部に派遣され、作戦指揮権は在日米軍司令部にあるとなった場合、それでも第7艦隊を通して任務を受ける必要があるのですか？

マクマニス　はい、そうです。我々は海軍の艦に乗り込み、海から作戦を指揮・遂行していく以上、艦隊司令官の指揮下で任務を遂行します。これは至って普通のことです。日米が東日本大震災において間違っていたと私が感じていることは、彼らは第7艦隊もしくは我々第31海兵遠征部隊に活動できる陸上の地域を割り振るべきであったと言うことです。第7艦隊は海岸への上陸だけでなく、内陸部までも人員や物資を揚陸し派遣する能力を有しています。したがって自衛隊は単純に担当地区を分担し、ただ我々に対して「では、あなた達の担当地区はこの市からこの市までの間です」と言えばよかった。この二つの市内とその間の全ての道路、あるいはその間の50マイル（約85㎞）という具合に単に担当地域を割り振ってくれたならば、自衛隊にとっても簡単な調整であるし、我々海兵隊や海軍にとっても容易に指揮することが可能であったのです。しかしながら、彼らはそのにようなことは考えていなかったと私は感じています。我々は日本人の為にそれをやるつもりでしたが、海上自衛隊はそのような陸上での任務を想定していなかったのです。地上、とりわけ内陸部は陸上自衛隊の管轄であり、海上自衛隊の任務は洋上か海岸までだと認識していました。彼らを支援する為にそこにいた我々は、「もしこの方法で我々に任務を与えてくれるのなら、それが最も効率的である」と提案できますが、最終的な判断は日本政府及び自衛隊が行うものです。

エルドリッヂ　第7艦隊に関して、このようなシナリオでもし在日米軍が作戦指揮権を持っていた場合、その第7艦隊も在日米軍の指揮下に入りますよね。

マクマニス　そうです。第7艦隊は海軍（Naval Forces＝NAVFOR）として在日米海軍に入ります。

エルドリッヂ　通常この地域における大震災などの緊急事態への対処は、統合任務部隊となる海兵隊の第3海兵遠征軍が担当するはずですが、今回のケースでは災害救援作戦の指揮経験がほとんど無い在日米軍司令部が指揮を執り、その下に海兵隊が組み込まれました。そのため指揮系統はほとんど毎日と言ってよい程頻繁に改変され、特に仙台で日本側との調整を担当していた我々にとっては、理解するのに苦労したのを覚えています。

宮城県気仙沼市の大島での活動

エルドリッヂ　さて、日本に向け北上していた頃に話を戻しましょう。私はあなたの当時の部下と面識があります。皆、危険を顧みない大変勇敢な性格の持ち主のように感じました。おそらく彼らの熱意と共に救援活動に関する数多くのアイデアが飛び交ったかと思いますが、作戦立案に際し様々な案について自由に議論されるようなセッションは行われたのでしょうか？

マクマニス　我々にはそれをする時間が十分にありました。問題は（救援作戦を立案するに当たり）どこまで踏み込んで良いかだったのです。海兵隊の救援能力を十分に発揮するため我々が考えていたことは〝担当地域を我々に割り振り、全てを任せて欲しい〟という一点でした。しかしその時点で我々は何一つ詳細な情報を得ておらず、我々の連絡官を現地に空路で派遣することもできましたが、それをするにも余りに情報が無さ過ぎたのです。日本を助けると意気込んでいたとはいえ、その被害が余りに甚大で広範囲に及んでいたために何かに焦点を当てるということができなかったのです。正直に言ってその時我々にできたことと言えば、できるだけ多く被災地域の詳細な地図を収集することや現地の交通網や天候の分析、そして東北地方に連なる山々の標高など救援活動に関係するだろう現地の環境情報を集め、来るべき作戦開始に備えベストな救援が行えるよう万全の態勢を整えることでした。

エルドリッヂ　宮城県気仙沼市の大島（気仙沼大島）での救援作戦を要請されたプロセスを説明してもらえませんか？

マクマニス　大島は本土へ繋がる橋が存在しない島で島民の唯一の移動手段はフェリーでした。しかし震災当時そのフェリーすらも津波によって破壊されており、島は完全に孤立していたのです。地元地域の日本人らは当時孤立した大島のためになんとか電力復旧用の工事車両を運び込もうとしていましたが、フェリーが使用不能である以上その運搬手段が全く無かったために途方に暮れていました。その様な状況下で、唯一その作業を実行できる能力を持っていたのが我々海兵隊だったのです。車両の揚陸は正に我々のお家芸とも言える作業でした。

「これらの電気工事用トラックを大島まで輸送することができるか？」彼らが尋ねたこの質

問が我々の最初の任務となりました。我々はその要請を受けた時、快諾するどころかむしろ彼らに詰め寄り、「艦内で待機している海兵隊員らは皆何かの役に立ちたがっています。彼らを派遣しても良いですか？　トラックの輸送はＬＣＵで簡単にできます。それ以外にも海兵隊にできることは無いですか？　私達はこの能力もこの装備も持っています。他にできることは？」と半ば強引に迫ったことを覚えています。しかし、これが我々の本格的な救援活動が行えるようになるきっかけとなったと感じています。

「分かりました。海兵隊の皆様がそのつもりでいらっしゃるなら、ぜひとも上陸して支援活動を行って欲しい」このように地元地域の許可を得た我々はようやくその能力を発揮することができるようになったので

電気工事用トラックを運ぶ第31海兵遠征部隊

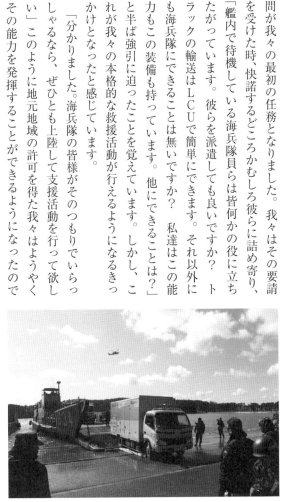

す。海兵隊の上陸が認められたことで、これまで孤立していた大島に支援の手がようやく伸び始め、住民が避難しているだろう島内の全ての公共施設に目が向けられました。

島内にはいくつかの小さな釣り桟橋や港が点在しており、我々はそこから上陸できるはずだと進言したところ、彼らも「良いでしょう、お願いします」と上陸を認めてくれたのです。しかし、我々には上陸させる人員の規模を1日当たり250人～300人とする制限が設けられました。これは海兵隊側が設定した制限ではなく、地元地域側の要請で狭い島内を人で溢れさせたくないという意向から設定されたものでした。彼らはあまりに大規模な部隊が島へ上陸すると対応ができなくなると懸念していたのでしょう。

しかし我々は海兵隊独自のスタッフや装備を艦から揚陸し全ての作業を自己完結的に行うことができるため、何ら心配はいらないことを伝え、現地の負担になるようなことはないと説得しました。彼らが見逃していた点は、我々の艦には必要な装備の全てが揃い、新たに必要な物は何も無いということだったように思います。必要とあれば現地の負担とならずに1、000人規模で人員を送ることも可能でした。しかし再三交渉しましたが、今後5日間の間に日によって最大250人～300人という規模で部隊を上陸させることに決定しました。しかし、この電気工事用トラックの輸送作戦こそが我々を大島へと導き、その後の我々のできる限りの支援へと繋がっていったのです。

エルドリッヂ　何らかの理由でLCUが使用できなかった場合、海兵隊の保有するCH－53大型輸送ヘリコプターでそれらを大島へ輸送したのですか？

マクマニス　確かにヘリにより空輸も考えましたが、それをするには電気工事用トラックは大き過ぎました。そこには我々が普段目にするような人を載せるバケット付きの伸縮するクレーンが装備されたトラックが複数台あり、それらはCH－53には大き過ぎたのです。したがって、LCUあるいはLCACによる海からの揚陸が唯一の手段であったのですが、島周辺の海面には無数の残骸が浮遊していたことからLCACの使用は見送られ、LCUについても同様に海面に浮かぶネットなどがスクリューに絡まるのではないかという懸念がありました。しかし最終的に、我々は昼間であれば比較的安全に島へ到達できるような航路を発見したのです。

エルドリッヂ　CH－53では確かにそれらの大型トラックを機内に搭載することは不可能ですが、実際はそれらを機体下部から吊り下げて運搬することができたのでは？

マクマニス　確かにそれも一つの選択肢であり実際に検討しました。多くの軍用車両は確かにヘリによる吊り下げ輸送を想定して設計されており、実際にハンヴィー（軍用汎用輸送車両）にはヘリから吊り下げる為の機構が元々装備されています。一方、民間の車両はそのような方法での輸送は想定されていないためバランスを取るのが非常に難しいのです。したがって機体の性能上吊り下げることは可能でしたが、我々の予想では成功する確率は50：50であると考えていました。もし輸送中にトラックを海中に落としたり、無理に吊り上げ車体に歪みやダメージを与えたり破壊してしまうと本末転倒です。したがって、我々はこのリスクを孕んだ方法は試さなかったのです。

エルドリッヂ　先ほど上陸させた隊員の人数と、日本側からの懸念として多過ぎる人数は島のインフラに影響を与えかねないと伝えられたと述べていました。その懸念は誰が表明したのですか？　地域住民なのか、それとも現地にいた自衛隊ですか？

マクマニス　実はそのあたりは良く把握していません。その懸念は米軍の指揮系統を通じて伝えられたもので、我々は地域との議論の全てに関与していたわけでは無かったのです。我々はできるだけ多くの隊員を支援活動に当たらせたかったし、その要請も常に行っていた中で、実際に誰がその制限を課したのかは分かりません。確かに大規模な部隊が島で野営をして夜を明かすことに対する懸念は理解できます。それを行える場所が島に多く存在しているわけでもありませんでした。しかし、我々はLCUを往復させ夜間には最小限の人員を残す形で1日を通して活動できるようにしようと考えていました。例えば朝400人を島へ輸送し夕暮れ前に400人を帰艦させる。そして夜間島には200人を残すというような方法を取ることもできたのです。しかしそこには日本側の考える我々に求める派遣部隊の規模があり、我々はそれに従い、彼らが許す限りの人数を上陸させていました。

エルドリッヂ　それは残念なことですね。なぜなら、2005年にウォレス・C・グレグソン（Wallace C. Gregson）中将と私は、当時防衛庁発行の『Securitarian』というやや専門的な雑誌に、海上からの日米共同での部隊派遣についての論文を日本語で発表しました（注1）。その中で宗教的または文化的な理由やテロの可能性、現地のインフラへの影響などを考慮し、それらの作戦を日中（昼間）に限定できるとの議論していたのです。そうすれば、夜間に帰艦させた上陸部隊が守られ、昼間では、その地域は救援を受け続けることができます。あいにく日本の関係者の一部は、この論文をまだ読んでいないようですね。私達はこの論文を軍事に関わる日本の聴衆向けに日本語で出し、彼らの軍事作戦の立案に参考になればと願っていました。

そして、理想的には我々を手本とし日本が将来的に「統合部隊」の派遣を実現できることを願っていたのです。しかし、この論文を書いたのは8年前（注：インタビュー時の8年前。執筆は2004年）ですが、日本側にあまり影響を与えることはできなかったと感じています。日本が海兵遠征部隊を手本に未来の災害に備えられるよう願いこの提案を書いた2004年10月は、奇しくもスマトラ沖大地震が発生する2か月前でした。

住民の理解が広がった

エルドリッヂ　東日本大震災当時、大島の地域を守る指導者は、海兵隊に関してあまり知識が無かった一方、地域のために支援を求めていたのは見て取ることができました。特に気仙沼市議の菅原博信氏はこう述べていました。「私達は助けを必要としています。多くの島民は友情の手が差し伸べられるのを願っており、もし支援して頂けるのであれば私達はそれを受け入れるつもりです」この言葉に裏付けられるように、彼は海兵隊の上陸にオープンであったのです。むしろ自衛隊側が、消極的であったように思えます。なぜなら彼らは長年に渡って、何をするにも「それは合法なのか」「時間をかけて決定すべきではないのか」「より慎重に行うべき」と常に法の鎖に縛られていたのです。横田にある在日米軍ももしかすると、ヘンに「配慮」して、歓迎されていないという間違った認識や先入観があったかもしれません。現場にいない人々によくある傾向ですが。

マクマニス　確かに、私もそれは感じました。我々が上陸した後から、時間の経過と共に我々の活動を目にし、海兵隊に対する理解が広がるに連れ、我々は日々より受け入れられていったと感じています。実際に何人かが我々の艦を訪れた際、彼らから「私たちはてっきり、海兵隊は銃を撃つような戦時に関することしかできないものだと思っていた」というコメントを受けたことがあります。艦に搭載されていたトラックやトラクター、ブルドーザーといった戦闘車両以外の装備を見た時、彼らは大変驚いていたのです。「なぜこのような装備を持っているのですか？」と彼らが尋ねた質問に対して、我々は「私達はそれを活用できるからです」と答えました。多くの人々が、海兵隊が実際に持つ数多くの能力に関して驚いていました。しかし、正直に述べると我々にはショベルやホウキといった作業道具の数は足りていませんでした。我々は艦や車両に積まれていたそれらの道具を一つひとつを全て持って行きましたが、４００

人もの隊員全員にそれらを持たせることは不可能であったため、多くが素手での作業になってしまったのです。それは、海岸に降り瓦礫を担いでA地点からB地点まで運ぶというような、言わば作業効率の悪い活動でした。したがって、我々が地上に送ることができる人員の規模は、この理由からも制限されていたと言えるでしょう。

海兵隊からの提案が日本側からの正式な要請へ

エルドリッヂ　海兵隊の能力を十分に活用するために、地元地域や日本政府、あるいは米軍上層部をどのようにして動かしたのですか？

マクマニス　ここで、自衛隊の連絡官や話し合いを行った現地の人々について語ることにしましょう。基本的な我々のスタンスは、海兵隊単独では勝手に動くことはできないが日本側からの要請があれば即座に動けるというものでした。我々は電気工事用トラックの輸送という日本側から与えられた初めての任務に加え、さらに多くの人員を救援作戦に参加させたかった。そこで我々は菅原さんのような大島のリーダーらに会い、このように話を持ちかけました。「あの瓦礫の山を我々がどうにかしましょう。50人程の隊員といくつかの重機を揚陸すれば片付けることが可能です。あなた達はあの瓦礫をここからここまで移動させたいと考えていますよね?」という具合に彼らが望んでいるであろうことをこちらから提案したのです。すると彼らは「ぜひお願いします。そうしたいと思っていました。」と言うように我々の活動を許可してくれました。

つまり、我々の提案を一度現地の責任者に通すことで、その案は日本側からの正式な要請へと変わり、そしてその要請さえあれば海兵隊は存分に活動を行えるようになるのです。このように我々はただ何もせず日本側から任務が与えられるのを待つのではなく、現場を隈なく調査し海兵隊にできることを探し周ってリス

気仙沼大島で活動する第31海兵遠征部隊

トに書き出した上で、「海兵隊にはこれらの作業ができます。必要な作業があれば要請してください」というように日本人の連絡官に提示し、それらを日本側から正式に要請してもらうことで実際に多くの任務を実行に移すことができたのです。我々が大島やその他で行った作業の50％以上がこの方法で自ら得た任務でした。いくら作戦を自ら立案し第7艦隊や海兵隊の司令部に進言して上層部の許可を得たところで、日本側の許可が無ければ全くの無意味なのです。したがって我々はこのような方法を取りました。

現地の人々と派遣部隊とで一つのチームを作る

エルドリッヂ　私が以前から抱いている懸念は、日本列島の太平洋側沿岸部の全地域あるいは少なくとも東京から九州までの広範囲に渡り、甚大な被害を及ぼすことが理論上予想されている次の震災、南海トラフ巨大地震が発生した際に、日本政府はおそらく被害の大きさに圧倒され迅速な意思決定ができないのではないかということです。そこで私は、災害時において現地を良く知る地元地域のリーダーらが、派遣されるだろう米軍に対して現場の判断で指示を出せるようなメカニズムを、指揮系統に組み込めたらと考えていますが、いかがでしょう？

マクマニス　おそらく可能で、そのような考え方は既に存在していると思います。実際に人道支援・災害救援作戦の演習において部隊を現地に送る際、彼らに作戦担当地域（Area of Operations＝ＡＯ）を指定し、さらに現地との調整を行うための連絡目標を与え、そして現場に指揮権を委ねることによって、派遣先にて現地の人々を交えた迅速な意思決定を行うことができるようにします。言わば、現地の人々と派遣部隊とで一つのチームを作るような概念です。もし対象地域が広大でもそれは問題ではありません。実際そうすることによって〝官僚主義的な〞さまざまな問題を上手く回避することができるのです。また、もし派遣先が複数あったとしても、この方法を用いれば何ら問題ありません。

私が考えるに、もし同様の演習を日本で行い地域との共同作業に慣れることができれば、日本にとっても大変素晴らしいことだと思います。例えば、日本で災害が発生し救援が必要な地域が5か所あったとしましょう。我々はその対象地域の大きさ（県・市・長・村など）に合わせ規模を自在に縮小拡大させながら五つの部隊を編成し、先に述べたように担当地域、連絡目標、指揮権を与え、それぞれの部隊を各地域の災害対策本部と連携させ一つのチームを作るのです。そしてあとは現場に判断を一任し、被災地のニーズと海兵隊の能力をマッチングさせながら、より柔軟かつ簡単に救援活動を行えるようにしていくのです。ただ、上層部からの指示をより重視する日本では、このようなことを行うには戸惑いがあるでしょう。しかし、実際に我々は常にこのような方法で演習を行っています。被災地域の規模や数に合わせ柔軟に部隊を編成し、それぞれの地域で協力体制を築く。これこそがよりスムーズに、より簡単に、より迅速に救援活動を行える方法なのです。

エルドリッヂ　確かに日本人は躊躇するでしょうし、米国側もそのような状況で日本と事前に何かを同意したり約束したりするのは不本意でしょう。海兵隊太平洋基地の司令部ですら何人かの否定論者はつきものでしたし、理解もできます。しかし結局は日本を助けるためなのですから、今はそれに取り組むべきではないでしょうか。

マクマニス　必ず躊躇はあると思います。なぜなら、誰しもが優劣をつけたくはないからです。例えば海兵遠征部隊をある地域に派遣し、別の組織が違う地域に行った場合、その地域との協力関係次第では彼らの支援活動の内容に差が出る〝不平等〟のような状況に陥り兼ねません。しかし、時間の経過と共に状況が絶えず移り変わる中でそのようなことが起こるのは仕方のないことで、我々はその考えを取り払わなければなりません。もし、海兵遠征部隊のある部隊が宮城県で素晴らしい働きをした一方で、別の地域である組織は余り成功していなかったら、それから4日～5日後には海兵遠征部隊をまた別の救援が必要とされている地域、例えばさらに北の県へ移動させて、そこで新たに地域に適合させれば良いのです。現実は全てが必ず公平というわけではなくそれを追い求めるのは不毛なことであるため、このような状況においてすべきことは、救援が必要であると予想されるそれぞれの地域に部隊を迅速に派遣し、もし支援が必要とされなかった地域があれば対象地域の変更や不要な能力や装備の撤退といった柔軟な対応なのです。もしある地域でCH－46の支援は必要とされていないとしたなら、私は海兵遠征部隊が保有する6機のCH－46を全て帰艦させ、その地域が本当に必要としている支援を行います（注2）。何かの役に立ちたいと意気込み出撃した隊員達に撤退命令を出すのは本当に申し訳ないことですし、間違いなく海兵遠征部隊の本意ではないですが、全ては被災者の為に被災者のニーズに合わせた支援を行うことが最も重用なのです。

自衛隊とのペアリング

エルドリッヂ　あなたは以前にも、米軍部隊に対して担当地域の割り振り行うことが一つのオプションであることや、自衛隊部隊とのペアリングを行い共同で活動にあたるという点にも言及していました。これらは今後どのようになるとお考えですか？

マクマニス　そのようにすべきであると考えます。それが最善の策でしょう。震災時に自衛隊の全部隊の展開状況を把握することは不可能ですが、例えば東北方面隊と第31海兵遠征部隊がこの地域を共同で担当するというように決めるという手があります。その時、自衛隊からは連絡官を、我々からは副司令官（Executive Officer ＝ XO）を互いに送り合い、互いの能力を共有することで一つのチームとしてそれぞれの能力を補い合いながら、連帯を深めることができるでしょう。これこそが正しい協力体制であると私は考えます。重ねて、一方の部隊が大きくなり過ぎるといった不平等が発生するかもしれませんが、災害時においてそのようなことを考える時間は余りありません。救援活動はとにかく前に進むこと、目の前の作業をこなすことが重要です。そして時間の経過と共に少しずつ不平等を調整していけば良いでしょう。

海兵隊の能力を理解してもらうために

エルドリッヂ　また、あなたは海兵遠征部隊が海上で待機している間、多くの人々が艦を訪れ視察を行ったことを述べていました。将来の広報活動や地域交流に関連して、自衛隊や地域の指導者、政治家、メディア、そしておそらく災害に脆弱な地域の人々の海兵遠征部隊に対する理解を深めるための最善の方法は何だと思いますか？

マクマニス　我々はできるだけ多くの人々の視察を受け入れたいと考えています。毎回行えるものではありませんが、理想としては、作戦中その日必要な部隊の揚陸を終えた後に、空いた揚陸艇を使ってゲストを艦まで搬送するという方法があります。これが最も簡単な方法でしょう。また、私達は多くの搬送手段を用いて、様々な要人の訪問のために艦まで搬送しました。隊員の中には、「そういった世話は、作戦立案や計画のために使える時間を無駄にしている」との不満を述べています。しかし、視察に来る人々に対して我々の装備を見せ能力を理解してもらうことは、海兵隊の能力を十分に発揮する鍵となります。多くの人は海兵隊自体やその装備に関する知識を持っていません。だからこそ、それらを見せ丁寧に説明することで彼らが地上に戻った際に現場で本当に必要なものを我々に要請することができるのです。

エルドリッヂ　もし、今後この視察受け入れを未来のために実施するとしたら、例えば四国周辺における震災に備えて、関係する多くの県の視察を受け入れるようなスケジュール的な余裕が海兵遠征部隊にはあるのでしょうか？　遠征部隊が訓練や演習で沖縄を出ておりブリーフィングが行えない場合もあるでしょう。艦の視察や海兵隊の能力を十分に理解してもらう為には、どのような方法がベストであると考えますか？

マクマニス　それは、彼らが幾らお金を使えるかに関係してくるでしょう。ベストな方法は、タイやフィリピンで行われる海兵遠征部隊の演習に同行することです。しかしこの方法だと明らかに費用がかかります。次に考えられる案は、おそらく我々が艦へ装備の積み下ろしを行う沖縄でしょうか。そこでは我々が使用する装備を見ることができることに加え、如何に早くそれらを積み下ろせるかを見ることができます。したがって、もし演習に同行できないのであれば沖縄で視察を行うことが二番目に良い案だと言えるでしょう。

また三つ目の案として、佐世保へ行くのも良いかもしれません。佐世保には第31海兵遠征部隊が乗り込む艦が停泊しており、そこに数人のスタッフを派遣すればブリーフィングを行うこともできます。またそれ以外にも、もしその気があるのなら調整次第で遠征部隊は日本各地に行くことが可能です。結局は1年程かけて視察目的をしっかりと立て、どこに行きたいのかを決め、優先順位はなんなのかを明確にすることでその方法が見えてくるでしょう。私は今後このような機会が益々増えて行くのではないかと感じています。なぜなら、部隊配備計画（Unit Deployment Program＝ＵＤＰ）に基づき今後多くの部隊が沖縄へ戻って来る予定となっており、彼らが演習を引き継ぐ形で第31海兵遠征部隊の演習頻度は少なくなるため、我々が視察を受け入れられる機会が多くなるのです。おそらく年に一度の頻度で日本本土に行けるようになるかもしれません。ただし一年以上前からの調整が必要です。

気仙沼大島での地元との調整

エルドリッジ　大島とそこで行われた地元との調整の話に戻りますが、あなた自身やその部下は大島の人々と「今日取り組む作業」や「今回やり残した作業」などを報告するような日々の会議を行っていたのでしょうか？

マクマニス　正式な会議を毎日行っていたと言って良いのか定かではありませんが、毎日お互いに会い話すようにしていました。時には一時間に一回のペースで会議を重ねることもありました。特に定例会議を設けていた訳ではありませんが、毎朝起床するとお互いに顔を合わせその日何をすべきなのかという話をし、また「この作業とこの作業をやってくれませんか？」というような、彼らからの要請にはすべてイエスと答えていました。

特に取り決めた訳では無いですが朝と夜一日二回のミーティングは必ず行い、日中にも必要とあれば頻繁に会って話をしていました。彼らが我々を助けてくれた事例の一つは、我々が必要な作業の一環として建物の取り壊し作業を行おうとしていた時、彼らは建物を破壊する前にその家の持ち主を探し出し、その人物にやり残したことが無いかを確認し、取り壊しの許可を取ってくれたのです。その中心となったのが菅原氏でした。したがって我々は二時間ごとに彼を探し、あるいは電話でこれから取り壊そうとしている家に関して「持ち主の同意があるのか」、「この土地は持ち主の物なのか」といった全てのことを彼と話しながら確認していました。数時間ごとに「これは持ち主による確認はされていますか？　作業を進めても良いですか？」と次の作業に関して逐一彼と話をしていたと思います。中には誰が見ても島で最も立派な家であるにも関わらず、取り壊さなければならないものもあり、私はなぜ取り壊す必要があるのか疑問に思ったこともありました。しかし海に面した場所にあったその家は、実際には約100ヤード（約915ｍ）ほど流されていたのです。そして流された先は本来その家があるべき土地ではなかったため、取り壊すことを余儀なくされたのでした。

エルドリッヂ　おそらく島には英語が堪能な住民がそんなに居らず、第31海兵遠征部隊の隊員の中にも日本語が堪能な人物は居なかったと予想できるのですが、そのことに関しては大島での教訓として、意思疎通のための語学力向上を図るきっかけとなっていると考えますか？

マクマニス　言語の違いはそれほど大きな問題にはならなかったと感じています。島に派遣されていた陸上自衛隊の中には、英語を話せる隊員が居たため彼らが大変助けとなったことに加え、我々の中にも片言ながら日本語を話す隊員が数人居たのです。したがってお互いに打ち解けるのに時間はそれほど掛らなかったし、言語の壁によって大きな問題が発生したことは無かったように思います。最終的に我々はお互いの要求や目的をしっかりと意思疎通できていました。

気仙沼大島での活動は成功例

エルドリッジ　大島における救援作戦を振り返って、第31海兵遠征部隊の歴史やあなた自身のキャリアに新たに刻まれたものは何だと思いますか？

マクマニス　繰り返し述べると、やはり大島やその住民達との出会いは運命であったと思います。彼らは大変素晴らしい人々であったし、同時に島へ送った部下達も大変素晴らしかった。そのような人々の間で良い関係が築かれたのは自然なことであったのだろうし、大島で行った作業のほとんどが住民達と共に行われた理由であると思います。人は困難に直面した時その困難に共に立ち向かう仲間との間で堅い絆が芽生えると言われていますが、正に彼らは隊の中で、そして大島の地でそれを証明したのです。電気工事用トラックと共に初めて大島に足を踏み入れてから、我々は様々な支援を行うことができましたが、それは、できるだけ多くを地上へ運ぶという海兵隊が持つ最高の能力があったからこそできたことだと思います。なぜ大島だったのか？　分かりません。そういう運命だったのでしょう。

エルドリッジ　もし将来的に日本で同様の支援を行うことになった際、大島が一つのモデルケースになると考えますか？

マクマニス　私はそうなることを願っています。なぜならこれは成功例なのです。大島は海兵隊が隊員を送り救援活動を行った場所であり、また住民らもそれを必要としていました。そして、彼らも可能な限り我々を助けてくれたのです。私は是非この素晴らしい成功例が世の中に広まって欲しいと願っています。それほど大島は未来の手本に適しているのです。

エルドリッヂ　本当にありがとうございました。インタビューは以上になります。

（注1）ウォレス・グレグソン、ジェームス・ノース、ロバート・エルドリッヂ「人道支援と救援活動への対応―海上拠点による日米共同派遣の将来構想（上、中、下）―」『SECURITARIAN』２００５年４月－６月の連載。

（注2）２０１２年より、中型輸送機であるＣＨ－46の代わりに、二つのＭＶ－22Ｂオスプレイの中隊が沖縄に配備され、２０１３年に完了した。それ以降、交代で海兵遠征部隊に配属している。

第３章　防災協力と軍民関係

ロバート・D・エルドリッヂ

日本と米軍の平時からの交流が不可欠

東日本大震災から８か月後の２０１１年11月、防衛省は東日本大震災で得られた様々な教訓を57枚のスライドから構成する『東日本大震災への対応に関する教訓事項』に纏めました（注1）。これは、同年８月に纏めた中間報告に基づいて完成したものです。幸いにもこれはインターネットを通じて公開されていますが、残念なことにこれを纏める際、本当に広く一般の国民、即ち、地方自治体を意識したレポートという印象は受けませんでした。レポートは、情報の共有を論じていますが、地方自治体やその他の組織と共同に活動する必要性を喚起し前進するには至っていないのです。

日本と米国の二国間のみならず、日本政府や地方自治体、地元の住民、そして地元の住民と救援に訪れることになるだろう米軍との間における共同活動は極めて重要で。加えて、東京大学で開催された琉球大学付属病院と米軍による研修会の後の歓迎会にて、新潟市の心やさしく先見性に溢れる消防士である佐藤修氏が私に指摘したように、米軍と緊急対応を担う違う地域からくる外部の他の組織——プロの消防士や民間のボランティアなど被災地にて救援活動を行う人々——との間における共同活動もより一層必要になってくるでしょう。

このような全てのレベルにおける全ての組織間の共同活動は大変意義あるものです。なぜなら、自衛隊とりわけ陸上自衛隊は全国の様々な地域に幅広く分散して配備されていることから、災害時においてある特定の一つの地域に全部隊を集中させて救援を行うことは不可能であるし、同様に彼らには特に外的脅威からの国家の防衛など他にも実施すべき任務が託されているからです。自衛隊が行う国内の災害対処のために相互支援が全国の各部隊から数名ずつでローテーション的にやっていることが非効率の場合もあります。日本の正式な同盟パートナーとして、そして日本のために命を賭けることに署名した唯一の国家として、米国は日本の大規模災害時における外的脅威に対するいくつかの防衛を肩代わりすることができますが、それでも自国を守るという最重要の任務はどの国でも完全に放棄することはできないし、するべきではありません。

日本における災害対応において、日本政府の要請、または米軍基地周辺で人命と財産を守るために、在日米軍は国内的な救援活動を支援するものと想定でき、したがって地域社会と米軍にとって共同で活動を行えるようにすることやお互いを平時から理解しておくことが何よりも重要になってくるのです。それゆえに私はこのように、米軍と日本の民間の協力関係を円滑するために軍民協力に関する本章を執筆するに至りました。序章から読者が目にしている通り、私は今から10年余り前の２００６年３月に大規模災害に伴う在日米軍派遣の必要性を英語で論文において論じ、その中で数々の具体的な提言を行ってきました。本書では、過去に何ができたかを示すものではなく、未来に向けてこれから何をすべきなのかを明らかにする２００６年9月に刊行した日本語の論文が付録として含まれています。この論文の転載は大阪大学国際公共政策学会のご厚意によるものです。深く感謝申し上げます。

その論文と、私とそれを共に書いた筆者が最後に記した8つの提言を読み返す中で、読者は「トモダチ作戦」で日米両国が〝無計画〟であったなりにも共に活動し素晴らしい働きをした一方、この提言の殆ど全ての項目は体系的または制度的にまだ解決されていないものであるということが読み取れるでしょう。このような、行き当たりばったり且つ精彩を欠いた方法は、大きな不幸を招くことになります。

より具体的に述べると、日米両国は、日本一国の対処能力を上回る未来の災害が発生した際に米軍の救援活動を容易にするだけでなく、米国にて同様の人道作戦が必要な場合には自衛隊が救援を行うことを可能にする災害時相互援助支援協定（ＭＡＳＡＤ）について議論し調印する必要があります。このような合意は制度や組織上の関係をはっきりと形式化し、割り当てられる任務や関与する個々人を特定することで適切な訓練の実施やネットワークの形成を可能にすることに加え、地方自治体が米軍を防災訓練に参加させることや、あるいは米軍が地域を訪問しそこの指導者らと面会することに対するその首長が反自衛隊、反米軍の革新勢力から守る政治的かつ行政的な〝後ろ盾〟となるのです。

この言わば災害前の交流は、地域や米軍の代表者らが互いに顔を合わせ名刺や連絡先、アイデアや考えを交換することを可能にします。またこの相互作用によって、軍の代表者らはその地域の地理や独特の文化、社会、経済的特性、そしてその地域で既に行われている防災に関する取組の状況や課題を知ることができ、具体的には、防災に関してこれまで行ってきたことやこれから行うべきこと、そしていざ災害が発生した際には誰が何を行うのかといった情報を共有できるのです。さらには、関係が深まることで市民の指導者らを基地へ招待することができ、災害対応に当たることが予想される様々な部隊の視察や装備の調査、司令官ならびに隊員個人との会談なども行うことができるようになるでしょう。

所属する組織に関わらず、両国の人々が共に仕事をするということは二国間の強固な関係を示す証としてこれ以上無いものであると私は信じています。実際に私は、米大統領と日本国総理大臣はこのような相互支援協定を結ぶべきであり、両国を代表する指導者らの間で、互いの計画や災害アセスメントそして最近の災害対応能力や教訓などを定期的に更新するための会議を年に一度程度で開催するよう主導することが極めて重要であると考えています。

日米の防災協力関係の構築に向けて

10年前、そして5年前にも提案していたにもかかわらず実現できない状態ながら、私は

2011年から、大胆な「防災協力プログラム（Disaster Cooperation Program）」を実施するようにしました。

私は自衛隊、日本政府、もしくは在日米軍司令部が積極的に全体をリードしていくことを望んでいました。私が所属していた海兵隊はあくまで在日米軍の傘下にあり、私があまり前に出過ぎると米軍側からは指揮系統を逸脱しているように思われ、日本側からは主権を侵害しているように思われてしまうからです。

私は横田基地にある在日米軍司令部のカウンターパートに対して、日本側にこのような防災協力計画を実行する用意があるのか、もしそれが無いのであれば、私がそれを主導しても差し支えないかを尋ねました。私が受け取った返答は、在日米軍司令部側にはそれを行う意向は無く、下層部である在日海兵隊などが独自で実行することに問題はないという答えでした。本来であれば在日米軍司令部（もしくは自衛隊を通じて日本政府）がこれを主導し、正式な後ろ盾と共に米軍の総体的な活動を調整できるように願っていましたが、それでも、この時私は他の誰も行おうとしない中でそれを全力で追求できるようになったことを嬉しく思いました。

政府の足取りは大変重いものです。もし私達が自ら動かず日本側の誰かがリードするのを待っていたのなら、私達が直面する事態はさらに悪化していたことでしょう。当時の一分一秒はその待ち時間としては余りに貴重過ぎたのです。私は東北の約2万人弱の犠牲を無駄にはしたくありませんでした。したがって、自衛隊と地方自治体がより上手く連携し、米軍と自衛隊がより緊密に活動し、そして米軍と日本の地域社会や住民が手を取り合う様子を見たかったのです。

これは経済的、運用上、そして人道的など様々な理由から考えても大変重要です。まず経済的観点を考慮すると、日本や米国における大規模災害は金融、製造、貿易の様々な面において互いの経済や政界経済に深刻な影響を及ぼすことになるでしょう（注2）。災害とは災害前の連携と災害後の協力によって制御することが可能であり、その行動が早ければ早いほど、両国にとって直接的にも間接的にも利益となるのです。

次に部隊運用の観点から述べると、米軍と自衛隊間ならびに他の緊急対応を担う組織などとの定期的な交流はそれぞれの相互運用性をより高め、それによってより迅速で理想的により効果のある災害対応に繋がります。最後に、お互いに助け合うことは人道的な観点からも単純に正しいことであるのです。

前述した教訓の報告書では、防衛省は共同活動の重要性を正確に理解してはいなかった一方で、東日本大震災の時、統合任務部隊指揮官を務めた君塚栄治陸将（当時）はそれを深く認識していました。２０１２年9月、当時第32代陸上幕僚長に就任した君塚氏は、彼の陸上幕僚監部を率いて東日本大震災の教訓をテーマにした会議を主催したのです。その会議には約６００人もの参加者らが詰めかけ、その中には在日海兵隊を代表した筆者も含まれていました。

市ヶ谷駐屯地のA棟内にある大講堂のほぼ満席が大聴衆によって埋められたこの会議では、陸上自衛隊と防衛省背広組からの参加者が全聴衆の75～80％を占め、数十人が航空自衛隊から、それよりも少ない人数が海上自衛隊からとなっていました。これらの大聴衆と共に3時間かけて行われたその会議では、それぞれ異なる部署や組織を代表した10人の講演者が彼らの研究結果についてプレゼンを行い、最後には君塚氏によって「地域社会との〝平時からの〟連携の必要性」が強調されたのです（注3）。私はこれによって深い感銘と希望を抱きました。

しかしながら、私はこれによって自衛隊（もしくは日本政府）が十分かつ迅速な行動を起こしているとは考えていなかった為、静岡県との連携を既に開始し、高知県や沖縄県にも模索中の私の主導する災害協力計画を継続したのです。

広い口のような地形の沿岸を持つ高知県に関して、私は後述する2012年8月に発表された新しい想定の前から津波による被害が相当なものだと心配していた。さらに、四国での自衛隊の存在が少なく、管轄している兵庫県伊丹市を拠点にしている中部方面隊から遠いため、その対応が遅れると想像できるので、日米の連携が重要です。また、丸ごと孤立し兼ねない沖縄県に関して、次の幾つかの理由で日米が連携する重要性があると思っています。沖縄でも、自衛隊の存在が少なく、防衛など他の任務があり、那覇国際空港と共用している那覇基地は低い位置にあり、松島航空自衛隊基地のように津波により相当の被害を受け、米軍の部隊とそのノウハウは近くにあり、そして、数多くの地位協定関係者とその他の米国人たちが沖縄にいること。そこで東北での震災の対応に関する教訓を共有して、縫い目のないパートナーシップができればと私は期待していた。

ところが、対話を開始について両方の県が抵抗があった。高知県では、関係者によれば、米軍との協力体制に反対する「県議会でうるさい共産党系の議員がいる」とのこと。後者の沖縄県も米軍と協力したくないのみならず、47都道府県の中で唯一自衛隊OBの防災担当者を置かないほど、軍との協力関係に慎重的でした。

高知県との調整に関しては、私は当初、静岡県の優秀な職員らの斡旋を通して高知県当局に連絡を取ろうとしていましたが、高知県は私に対して防衛省を介して連絡を取るよう求めて来ました。幸運にも、中国四国防衛局の担当者は「トモダチ作戦」において私と緊密に仕事をしていた花房哲也氏でした。

彼は私の目標である——地震・津波の被害が予想される地元地域と米軍との切れ目のない協力関係の構築——を理解し、2011年秋にはミーティングを設定するため精力的に仕事を行っていました。しかしそれでも、彼らは先述した理由により米軍との協力には消極的でありこのような災害協力に関する対話が行われることはありませんでした。その後2012年8月に内閣府が設置した「中央防災会議防災対策推進検討会議」から南海トラフ巨大地震に関する新たな被害推定統計が発表されたことに伴い、私は花房氏にもう一度彼らに連絡を取るよう要請しました（注4）。

この被害想定では32万5、000人もの人々が地震とそれに伴う津波の犠牲になることが予想され、その中の約7万5、000人が高知県の被害だったのです。この被害統計が悲惨であることに同意した彼らは最終的にミーティングを行うことに同意し、その後2013年1月に行われた我々の会合に陸上自衛隊の代表者と共に参加したことは喜ばしいことでした。それに続いて高知県の職員らが沖縄で我々を訪問し、2014年6月には高知県で行われた防災訓練に私と演習を担当する海兵隊員がオブザーバーとして出席することとなったのです。

そこにいた高知県職員らは大変有能であり、彼らはただ米軍との対話を行うための政治的支援と意思を必要としていただけだったのです。しかしながらこれを行うまでに時間が掛ってしまったことは大変残念であり、私は防災協力から政治を取る除くべきであると信じ、「政災分離（災害から政治を切り離す）」という新語を造るに至りました。私の妻の両親が高知県の出身ということもあり、私自身も親族行事で過去に数回個人的に同県を訪れていたことから、高知県とのこの関係は私にとって特に意味のあるものだったのです。

高知県を訪問したすぐ後、和歌山県の議員らと関わる機会を得た私は彼らに対して対話の申し入れを行ったところ、それはすぐに現実のものとなり、同県議会への講演や県知事との面会、そして2機のMV－22Bオスプレイと共に2014年に行われた総合防災訓練への参加などが実現したのです。

これらの活動と並行して三重県においても、防災訓練への参加や海兵隊基地への相互訪問を除いて同じような相互関係が同時に構築されています。ただし三重県においても、私が行っていた二つの要請が担当者から同県知事まで上げられていなかった事実などが原因でこれらの対話が実現するまでにはある程度時間が掛ってしまいました。一度その話を耳にした鈴木英敬知事は、我々との早期の関係構築に向けて迅速に行動し、2013年秋には沖縄県那覇市内のホテルで私とのミーティングも行ってくれました。

また、我々と最も近い存在であるにも関わらず緊密であるとは言えない関係が数年続いていた沖縄県も、最終的に2014年9月に宮古島で行われた総合防災訓練へ海兵隊を参加させることを決定したのです。静岡県、高知県そして和歌山県の関係者らはとりわけ頻繁に我々の基地を訪れ、静岡県の場合は関係者らが1週間にわたって海兵隊の様々な部隊と交流を深めるため基地内に泊りました。

私が2013年10月に名古屋大学の減災連携研究センターを訪問し行った講演会では、愛知県のある当局関係者が出席していただきました。同県との正式な関係構築には至りませんでしたが、その人物は2014年9月に大阪の米国総領事館にて私が行った海兵隊についての講演会にも同じく出席し、その始まる前、個人的に会合を持ちお互いの考えやアイデアを共有する仲となりました。私は愛媛県、徳島県、岡山県そして兵庫県にも同様に足を運び「トモダチ作戦」で得た教訓に関する講演を行いました。海兵隊を辞めてから2015年11月と2016年1月に兵庫県で講演する機会をいただきました。さらに2016年3月中旬に、東北大学でも同じような講演もできました。

大学や病院、NGO／NPOが主催して講演会を行うことなどを私は〝非公式〟と呼んでいます。一方、静岡県や高知県、和歌山県、三重県、沖縄県などのとの関係に見られる〝公式〟と呼ぶものはその県庁が深く関与しています。理想的には全ての関係は〝公式〟なものとなるべきですが、しかしながらまずはどちらの方法でも構わず、できるだけ多くの専門家を交えながらとにかく対話を始めることが大切なのです。

私が抱いていたある課題は、日本の都道府県の数および地震の可能性、そしてそれらの地域で起こり得る他の災害から来るものでした。自然災害が頻繁に発生する国として知られる日本において、全ての都道府県と正式な関係を築くのは難しいであろうことは理解していた私は、最初に静岡県に焦点を当て次に高知県と紀伊半島というように関係構築の優先順位をつけなければならなかったのです。私は海兵隊における役職を離れる前に愛知県との正式な関係が築けなかったことを大変残念に思っています。同様に徳島県や大阪府そして大分県などとの正式な関係構築と、特にそれを実現するための時間が私に許されることを願っていました。

いずれにせよ、地方自治体は災害時において大変重要な役割を担います。彼らは最初にそして最も被害を受ける一方、最初に対応を行えることから被害を抑えるための最も効果的な役割となることができるのです。災害が発生した場合、地域社会は救援の到着に先立ち彼ら自身が陥る状況で様々な対処――人命救助や生活・財産の保護――ができます。それによって悪い事態がさらに混沌化するのを防ぎ災害救援を行う者達がその対応を引き継ぐための十分な時間を確保することができるのです。このような地域住民の冷静かつ思いやりを持った活動は、もし地元当局が大きな被害規模や役場あるいは対策本部そのもの破壊、職員のケガや死亡などによって機能していない場合に特に重要なのです。もし政府の支援が遅れた場合やもしくは政府の対応が一切見受けられない場合には米軍への支援要請を行うことになるでしょう。このような状況では、各都道府県やその住民が救援活動の一環として政府を介さず直接米軍と協力して活動に当たる必要が出てくるかもしれないのです。

したがって、震災前の在日米軍との連携は、政府や自衛隊のみならず、各都道府県、地方自治体やその住民にとって急務です。

（注1）防衛省「東日本大震災への対応に関する教訓事項．東日本大震災への対応に関する教訓事項（最終とりまとめ）」２０１１年11月（http://www.mod.go.jp/j/approach/defense/saigai/pdf/kyoukun.pdf）。

（注2）今から二年前、高嶋哲夫氏が、『首都崩壊』（幻冬舎、２０１４年）という小説を刊行しましたが、大変リアルな大不況の話を描いています。先見性のある同著者は、経済損失が１１２兆円に及ぶ東京直下地震の別の次元の恐ろしさを指摘しています。

（注3）Email from Robert D. Eldridge to Lieutenant General Kenneth J. Glueck, Jr., and Brigadier General Craig Q. Timberlake, 〝General Kimizuka-hosted AAR and Suggestions for Tokyo Meeting,〟 March 9, 2012.

（注4）内閣府（防災担当）「南海トラフ巨大地震の被害想定（第二次報告）のポイント ～施設等の被害及び経済的な被害～」（http://www.bousai.go.jp/jishin/nankai/taisaku_wg/pdf/20130318_

kisha.pdf)。南海トラフの防災情報のページに関して、http://www.bousai.go.jp/jishin/nankai/nankaitrough_info.html をご参照。

終　章　提言の要約

ロバート・D・エルドリッヂ

軍史の中では、よく使われる諺があります。「将軍は常に一つ前の戦争を戦う」というものがあり、この言葉は後に「経済学者は常に一つ前の不況を戦う」というように経済政策にも用いられました。この引用文の由来には諸説ありますが、少なくとも米国の文献では、約90年前には既に使用されていたようです。ところがこの概念自体が考え出されたのはおそらく何世紀も前に遡ることでしょう。この言葉の表わす意味は、すなわち、私達は既に経験したことや読んだものを前提に準備や行動を行う傾向があるが、しかしながらそのうち状況が全く違っていることに遅れて気付くというものです。過去の歴史や経験をモデル化するという傾向は、次の震災に備える人々、あるいはそれについて考えている人々にも当てはまることでしょう。つまり、災害対策に関わっている人々は前の災害にとらわれる傾向があります。

過去に類を見ない「想定外」の状況はあの東日本大震災でも見て取れるものでした。海外のオブザーバーたちが〝トリプル・ディザスタ（三つの災害）〟と呼ぶ東日本大震災は、巨大地震（過去の想定を遥かに上回るもの）だけでなく巨大津波を引き起こし、さらには原子炉や電気システムに甚大な被害をもたらしたのです。この恐ろしい組み合わせは、冬の厳しい寒さと雪のように犠牲者らに降りかかりました。これらの問題はどれもが一刻を争う緊急事態であったし、全てが同時に発生したことで状況は指数関数的に悪化し、結果的にそれぞれの対処をより困難にさせるという本当に複雑な災害でした。

したがって、提言を議論する際に私達は全ての状況が同じではないということを肝に銘じ、故に、これまで活かされていない教訓が未来で学ぶべき教訓になるということを覚えておくべきなのです。言い換えると、歴史から学ぶことと未来のために準備することとの間で、私達は適切なバランスを見つけ出さなければならないのです。

得られた教訓を議論する際や未来のための提言を行う際には、心に留めておくべき重要なことがいくつか存在します。

本書やその他の関連して紹介する論文で見てきたように、下記のような全体的な提言を強調したいと思います。

(1) 震災とその対応の前、途中とその後に情報を、参加する省庁や組織の全てで横と縦に共有しなければならない。

(2) 素早く効果があり、そして必要があれば総合的な対応を行うには人的な関係が最大限に活用できるために、震災の前の、省庁と組織の内とその間の人脈作りは不可欠。

(3) 独りよがりになってはならない。今の時間が天から与えられたものであり、二度とこの時間はもらえない。緊張感をもち、与えられている時間を大事に使うことが大切。

(4) 不測の事態を予期しておくこと。前提を常に見直す。集団思考に陥らないこと。

(5) 日米調整所の設置の計画と実施の訓練をすること。特に、実際にどこに設置し、どのように構成するか、誰によって構成するのかを含めて検討する必要がある。

(6) 大震災の場合の最悪のシナリオにおいて、在日米軍の資源活用の仕方およびその派遣される場所を早期に計画すること。その際、自衛隊と一緒に活動するか、または、自衛隊等の連絡官と一緒に指定された地域を担当するか、あるいは地方自治体や災害対策本部の関係者と一緒に作業することを含めて、その方法も検討すること。

(7) 大震災発生後、米軍の支援を要請する場合は、それを早く行うこと。また、救援活動をしてもらう場合、なるべき早く、具体的に「どこで、何を」行うか定めて指示すること。
(8) 大震災の後、中央政府や都道府県の政府は機能しない可能性があるので、防災計画に地方自治体の参加をより積極的に確保すべき。
(9) 大震災の後、地方自治体の行政が機能しない可能性があるので、地元の防災計画に住民の参加をより積極的に確保すべき。
(10) 防災計画やその対応に、健常者の住民のみならず、いわゆる障害のある方々の積極的な意見や参加の確保も重要である。
(11) 防災計画やその対応に、健常者の住民のみならず、いわゆる障害のある方々の積極的な意見や参加の確保も重要である。
(12) 防災計画やその対応に、外国人や留学生の住民の積極的な意見や参加の確保も重要である。
(13) 防災計画やその対応に、健常者の住民のみならず、大学の参加の確保も重要である。
(14) 地元大学、消防、警察、自衛隊、米軍との間で連携を図り、防災における日英の通訳者の養成をすべき。言葉の専門家の数が増えるだけではなく、人脈作りにもる。参加者は、英語に関心のある日本人と、日本語に関心のある外国人。カリキュラムとして、分野ごと（消防、医療、軍事用語など）の日米それぞれの代表から、20分ずつで写真を紹介しながら、単語やその発音を教え、最後の20分ぐらい、質疑や名刺交換。大学が主催または教室を無料で提供し、広報すれば、学生も簡単に参加でき、地域還元の実績につながります（詳細は、編者のエルドリッヂまで）。

付　録　日本における大規模災害救援活動と在日米軍の役割についての提言

ロバート・D・エルドリッヂ（注1）
アルフレド・J・ウッドフィン（注2）

大阪大学国際公共政策学会『国際公共政策研究』第11巻第1号（２００６年9月）より転載。この論文の転載は大阪大学国際公共政策学会のご厚意によるものです。

1　はじめに

２００６年1月20日、大阪大学大学院国際公共政策研究科（ＯＳＩＰＰ）・国際安全保障政策研究センターは、「12・26インド洋津波から一年人道支援および大災害における軍民協力の改善にむけて」と題したシンポジウムを開催した。そこでは、様々な経験と職責を持つ国内外

9名の報告者が、南、東南アジアに被害を与えた2004年12月26日の地震と津波への対応と、その教訓について意見を交換した。

午後の4つのセッションの大半は、日本が海外の災害にどのように対応してきたのかという議論、つまり、日本の国際貢献論に費やされた。だが、その逆の場合、すなわち、日本国内で大災害が発生し、日本が国際社会から多くの支援を受けるというケースについては、不思議にも議論にならなかった。一つのセッションの司会を務めた筆者（エルドリッヂ）も、当初は、あえて、そのような質問を控えた。当然、日本人の報告者や聴衆から質問が寄せられると、期待していたからである。しかし、残念ながらそのような質問がなかったため、最後のパネルディスカッションにおいて、防衛庁統合幕僚監部の報告者に、この問題に言及していただくこととなった（注3）。

先ほど「不思議にも」と表現したが、実は、この問題が議論にならなかったことは、それほど、不思議なことではなかったのかもしれない。第一に、日本人は、自らあらゆる危機に対応できるから、国際社会からの支援などは必要がないと暗黙裡に過信しているからである。第二に、国際社会の真の一員になるためには、海外の災害に対して支援するばかりではなく、海外からの日本国内の災害に対する支援を当惑ではなく感謝の気持で速やかに受け入れることも重要であるという理解が、日本人には、足りないからである。

これら二つの傾向は、日本人特有の文化的先入観を示すものと思われるかもしれない。ある意味では、確かにそうとも言えよう。しかし、別の意味では、上記の傾向は日本に限られた問題ではなく、世界共通の問題なのである（例えば、米国連邦政府のハリケーン「カトリーナ」への対応を見れば、このことは明らかである（注4））。当シンポジウム参加後、筆者は、これらの傾向が危機管理や防災計画を職務とする関係者にも共有されていることに、懸念を抱いた。そこで、地震と津波への日本の防災体制はどうなっているのか、また、そこでは在日米軍の使用は予定されているのか等について調査することにした。

調査の結果、関係者は日本自身の能力を超える大災害において在日米軍を使用することを想定しておらず、その必要性すら認識していないということが、明らかになった。この調査結果は、大変深刻なものである。なぜなら、日本では、関東周辺において大地震が予測されており、さらに、それ以外の太平洋側でも地震とそれに伴う津波の発生が危惧されているからである。

本提言は、上記の懸念と国際社会や在日米軍の支援に対する日本側の受け入れ準備の間に存在すると思われるギャップを指摘することを、目的とする。

2　危ない日本

日本には、最も怖いものを「地震、雷、火事、オヤジ」と表現する有名な諺がある。だが、実際のところ、昔に比べれば、雷は怖くないし、日本では木材や紙による伝統的な建築が減少していることから延焼の危険も減っている。家庭内における父親の権限に至っては昔日の面影すらないといっていいかもしれない。しかし、こと地震は、依然として不安を掻き立てるものである**（注5）**。理由はそれなりにある。

地震は、主に地球の表層を形成する約20プレート間の摩擦から生まれ、12か国に被害を与えた2004年12月のインドネシアの地震のように、太平洋沿岸部に津波を起こしうる。これは世界の地震の4分の3が、太平洋を囲む環太平洋火山帯、いわゆるリングオブファイア（Ring of Fire）沿いに発生するからである。この帯の北西部分に位置する日本は、四つのプレートが交差するところにも位置している。それらは、ユーラシアンプレート、北米プレート、太平洋プレートという巨大な三つのプレートと、それらに比べてやや小さなフィリピン海プレートである。

日本では地震が頻繁に発生している（注6）。例えば、過去10年余の間、日本はマグニチュード6以上の世界地震の960のうちの220（23％）を体験しているのである。

過去100年あまりにおいて、日本で最も被害をもたらした地震は、14万2千人以上の犠牲者を出した1923年の関東大震災（M7・9）、2万2千人の犠牲者を出した1896年の明治三陸地震（その多くは、M8・5の地震が起こした38・2mの津波による犠牲者である）、名古屋周辺に7千人余りの犠牲者を出した1891年の濃尾地震（M8・0）、および6、400人以上の命を奪った1995年の阪神・淡路大震災（M7・3）である（注7）。1927年から1948年の間、その他のM6・8〜M8・1の地震が、さらなる1万6千人の命を奪った。最近で言えば、新潟中越地震（M6・8）が、40年ぶりに新潟を直撃した地震であったが、46人の犠牲者を出し、3千棟の家を全壊・焼失・流出させた。また、日本は、他の地域の震災に影響されやすい。例えば、1960年のチリ地震によって津波が東北の海岸を襲った際、139人が死亡した（注8）。

ところで、地震が発するエネルギーの大きさを表すリクタースケールの地震のマグニチュードだが、マグニチュードの場合、1で増えれば、横の変位は10倍、エネルギーが10の1・5乗（すなわち31・6倍）と増加する。従って、M8の地震は、M4の地震の1万倍の横の振幅とされるだけでなく、100万倍のエネルギーも持っている。

日本には98の既知の主要な活断層がある。その多くは、日本人口の約1割が住んでいる非常に密集している東京周辺と、東京と大阪・神戸の間に存在する。このため、M8・0の東海地震の発生の可能性は極めて高く、87％と予想されている。

具体的には、日本政府は、二つの地震を最も懸念している。第一に、東京とその周辺を中心とする東海地震、第二に、それより広い地域に被害を与える東南海・南海地震である。

内閣府防災担当室から入手した資料によれば、東海地震は、「いつ大地震が発生してもおかしくない」とされている。1万人から2万人の犠牲者を出した慶長地震（M7・8）と1707年の宝永地震（M8・6、死者5、049人）には102年のブランクがあって、その次の大地震（M8・4安政東海地震と津波、死者2、658人）とまでには147年の間があった。

そこで、内閣府防災担当は、1854年の安政地震以来150年も経ち、なおかつ、1944

年の東南海地震（M7・9、死者1、251人）で歪みが開放されなかったため、東海地方に大地震が起こりうるとみているのである（注9）。また、同担当は、大地震が100年〜150年の間隔で発生しているため、「今世紀前半での発生が懸念されて」いるとしている（注10）。災害による死者の数は、様々な対策を講じたために年々に減少しているという説明があるが、同時に、経済的な被害が拡大していることも指摘しておかなければならない。それは、人口の密集と都市への集中により、市民の公共交通機関や通信への依存が格段に高まった結果、近代社会、とくに日本が、災害に対して過去よりむしろ脆弱になったからである。この数年間、日本は、耐震設計の強化、道や広場の拡大、より強度の通信体制の導入といった対策を行ってはいるが、実は、東海、東南海のような大地震に対しては準備不足であるばかりか、そもそも、大地震発生時の東京での被害を低く予測さえしているようなのである。

例えば、東京都の関係者は、2002年のOSIPP共催の会議において、東京で大規模な地震が発生した場合、死者7、000人を想定していると報告した（注11）。東京の人口は、1、200万人と神戸の10倍である。その神戸ですら6、436人の死者がでたことを考えると、東京都が想定する数字は信頼性を欠くといわざるを得ない（注12）。早計に10倍という計算をしなくとも、死者が7、000人を超過することは必至であろう（注13）。現在、日本政府は、1万3、000人の犠牲者という数字を利用しているが、それでも現実的には低い見積もりである（注14）。さらに、筆者が、このことを担当者に尋ねたところ、「様々な計算方法がある」と、質問そのものを軽視するような回答が返ってきたのであった。我々筆者らは、担当者が正しいと祈りたい。だが、予測が狂った場合に備えた準備をも、平生からしておかなければならないのである。

3　考え方および計画におけるギャップ

しかし、準備するのは、非常に困難である。なぜなら、大災害発生時の実際の被害と、それに対する日本側の考え方、計画には多くのギャップが認められるからである。「はじめに」で触れているように、他の先進国そしておそらく発展途上国でも共通しているかもしれないが、日本は、自国で災害に対応ができるため、国際支援を必要としないと過信している。さらに、筆者は、防災担当者や防災計画に詳しい研究者や専門家にインタビューを行った結果、日本政府関係者は在日米軍の協力にすら潜在的な必要性をあまり認めず、その協力を遠来の「国際支援」という視点からしか眺めていないことを、明らかにした。すなわち、日本の防災計画の中には、在日米軍の人員およびその基地の活用は、盛り込まれていないのである。これを象徴するように、阪神・淡路大震災の国際支援に関する最も詳細な報告書は、横田基地で待機していたトラック12台や第3海兵遠征軍といった米国の支援の申し出は殆ど紹介せず、わずかに最後に言及しているのみなのである（注15）。

後述するように、以上の説明は、日本がかつて国際支援を受け入れてこなかったことを意味するものではない（新潟県中越地震の際には、在日米軍は、ビニールシートを用意して横田基地から輸送するなど、ロジスティックスを提供した）。だが、実際のところ、在日米軍の支援受入れは、あくまで限定的なものであり、なおかつ緩慢であった。つまり、在日米軍基地は日本国のものであるにもかかわらず、災害時においては、重要な資産として利用されないばかりか、見なされてもいないのである。大震災―自らの対応能力を超える地震や津波―に襲われた際、果して日本は、米軍の支援を要請し受け入れる体制をとっているか―今、答えが必要であれば、それはおそらく「Ｎｏ」であろう。

振り返えれば、「外」の支援の受入れに対する思考停止は、別のエピソードにも現れていた。すなわち、兵庫県知事による自衛隊への協力要請が遅れた一件である。日本の行政機関は、国際支援の受入れどころか、自国の防衛組織の効果的使用についてすら速やかに決断できなかったのである（注16）。

米国からの支援申し出以外に、スイス、フランス、ロシア、イスラエル、シンガポールなど、他の15か国からも、捜索救援隊の申し出はあった。その中には、震災発生から数日以内に到着した救援隊もあったが、彼らは、日本の官僚機構が抱える問題に直面することとなった。長年日本に在住し、米国の貿易代表庁の日本部長を務めこともあるグレン・フクシマは、「日本官僚の政策決定過程が多層的であるが故に、世界各地からの支援申し出への素早い対応が困難となった。リスクを避けたがる日本の官僚は、日本人の『特殊性（uniqueness）』に配慮した審査等、時間の掛かる手続きを省き、薬品、救援隊、捜索犬を迅速に受け入れるような決定は下さなかった。これらの手続きの一部は後に無くなったが、既に犠牲となった人々にとっては遅すぎた」と批判している（注17）。

いうまでもなく、問題の一部は、海外救援チームが自ら招いたものであった。例えば、彼らは、日本の救援チームの有する能力を正確に評価しない割には、その地域についての知識に欠けていたし、日本語も自由に使えなかったのである。また、上記の日本政府の問題の中には、誇張され、真実かどうかに関係なく、噂となって広まってしまったものもあった。しかし、いくら政府が、メディアが悪いと批判したところで、政府の国際支援の受入れやその他の対応が大きく誤ったものであったことまでは否定できない。この点で、筆者に、今なお鮮烈な印象を残すエピソードを引用しておきたい。それは、阪神・淡路大震災の二、三週間後だった。そのころ、筆者は、米国のＮＧＯのAmeriCaresの代表の通訳をし、被災地を案内していた。タクシーの車中、この問題や米国の支援申し出について彼と話をしていたが、おもむろに運転手が我々の方に振り向き、こう語ったのである。「我が政府が大変恥ずかしいことをした。日本人にとって米国が如何に重要かを改めて感じている」。

4　国際支援の受入れの申し合わせ

災害や国際支援の受入れをめぐる対応に関して、国民や国際社会から批判を浴びた日本政府

図１　海外支援の受入れに関する手続きの流れ（注18）

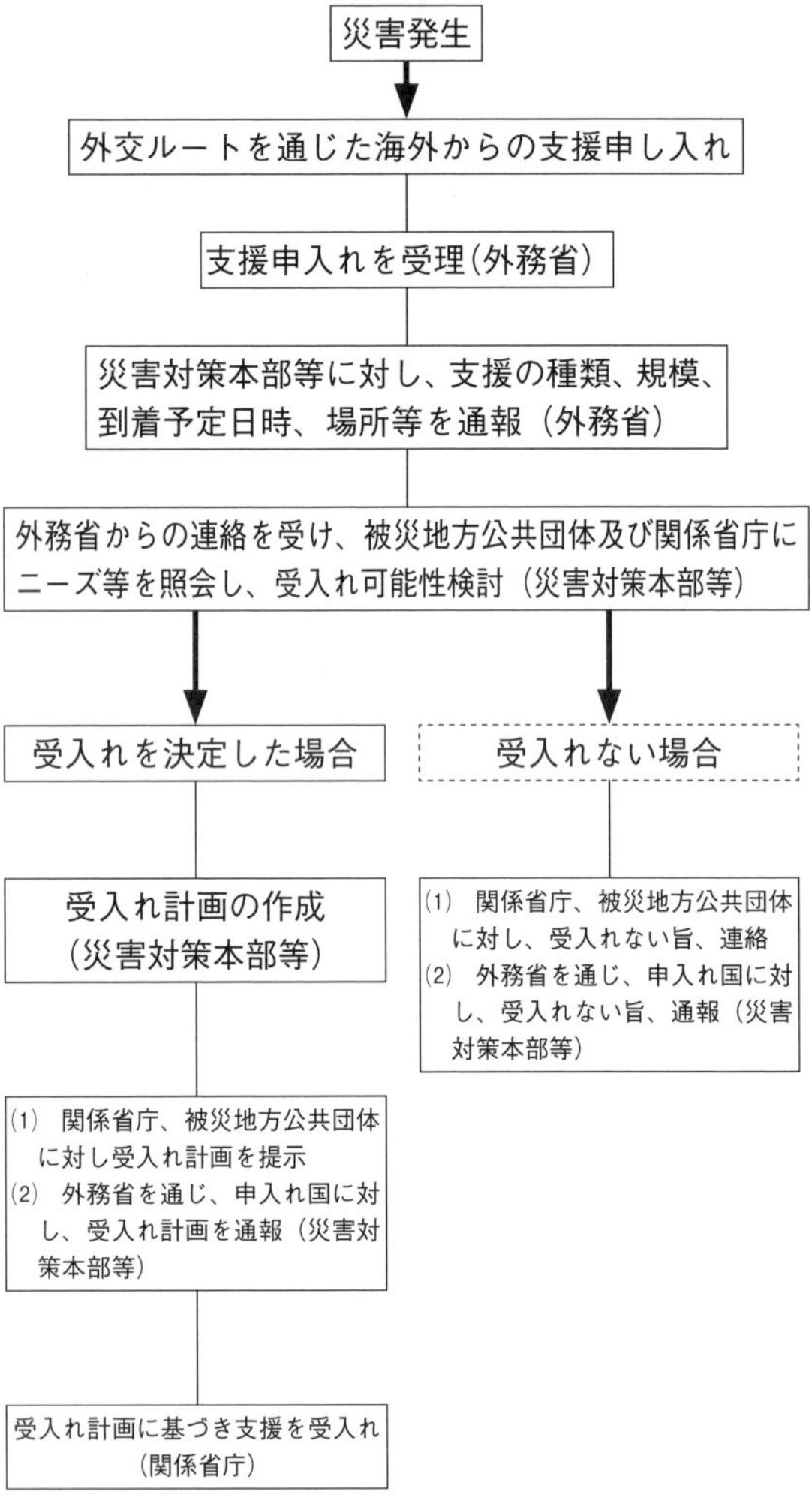

は、危機管体制を大幅に見直すこととなった。この見直しを促進するために、政府は、防災問題懇談会を3月28日に設置した（これは東京地下鉄にサリンが散布された「オウム真理教事件」の約一週間後のことであった）。その6月に、災害対策基本法が一部改正され、そして7月には、防災基本計画が、制定された1963年以来、初めて改正された。なお、9月には同懇談会が、防災対応を改善するための提言を行っている。

国際支援の受入れに関しては、懇談会は、大規模災害時、受入れの判断・迅速な対応がとれるように事前に十分な準備をしておくことを勧告した。そして、1998年1月20日、即ち阪神・淡路から3年後、「海外からの支援受入れに関する関係省庁連絡会議申し合わせ」という合意がなされたのである。**図1**、および**表1**が示すように、政策決定や受入れ物品、その関係省庁を決めるやや具体的な手続きが作成された。

図1は、内閣府防災担当より入手した、海外から支援申入れを受けた場合、被災地の地方公共団体及び関係省庁のニーズ等を踏まえ、非常災害対策本部等における一連の流れを図示したものである。

比較的に分かりやすい流れではあるが、果たして大災害という危機状態において連絡と調整

表1　海外からの支援受入れ可能性のある分野の対応省庁

支援受入れ分野		対応省庁
①捜索・救助（救助犬を含む）		警察庁、消防庁、農林水産省（検疫関係）、法務省（入国手続関係）
②医療	医療スタッフ	厚生労働省、法務省（入国手続関係）
	医薬品、医療用具	厚生労働省
③技術援助（施設の応急復旧等）		国土交通省、農林水産省、法務省（入国手続関係）
④避難者の収容（応急仮設住宅、テント等の供与（設営を含む）等）		厚生労働省
⑤食糧		農林水産省
⑥飲料水		厚生労働省
⑦生活必需品（毛布・衣類等）		経済産業省
⑧情報伝達用機		総務省
⑨ 輸送支援	外国政府等が航空機、船舶等により行う、支援人員・物資等の輸送（海外から日本への輸送、日本国内の輸送）	国土交通省、海上保安庁、警察庁
	バス、トラック等の輸送機材の海外からの提供	国土交通省、警察庁
	緊急輸送関係省庁が実施する日本に到着した支援人員・物資等の被災現地への輸送	緊急輸送関係省庁（国土交通省、海上保安庁、防衛庁、消防庁、警察庁）
⑩ 油防除		海上保安庁
⑪ 金銭支援（義援金）		内閣府
⑫ その他	①～③以外の人的支援又は人的支援を伴う支援に係る入国手続関係	法務省
	通関手続	財務省

が上手くできるのか等、この図に書かれていないところにこそ問題が隠されていると思われる。同様に、状況を把握し、迅速かつ賢明な決断をすることはそう簡単なことではない。特に、様々な能力を有する多数の国々から申入れがあった場合、なおさら困難であろう。もちろん、海外からの支援は重要であり、欠かせまい。ところで、このように時間のかかりそうな厄介な過程を考えれば、在日米軍を利用し、国・県・地方自治体が在日米軍の持っている災害救援・人道支援に関係する能力を平生から知ることの重要性がうかがわれるであろう。

阪神・淡路震災以降の危機管理体制見直しにおける、もう一つの重要な進展は、支援受入れ分野とそれに対応する省庁を明確にしたことである。内閣府防災担当が作成した**表1**は、支援受入れ可能性の分野と対応省庁を紹介するものである。

表1に示す支援受け入れ分野の大半は、在日米軍が提供できる（そして人道支援活動に既に実際に実施している）ものである。しかし、各省庁の割当に見られるように、日本政府は、支援活動の主体を主に文官（つまり非軍事）と見なしている。唯一の分野でのみ防衛庁に対応が任されているが、それは、救援隊やその物資が日本に到着した後、それらを被災地に輸送することのみである。つまり、政府の国際支援受入れの一連の流れの中に、在日米軍が組み込まれ

ていないばかりではなく、防衛庁でさえ、ごくわずかな分野でしか任務が与えられていないのである。さらに、外務省は、上記の図には一切登場せず、その任務は、危機の最初期での非常災害対策本部と外国政府との間の連絡に限定されてしまっているのである。

2004年10月の新潟県中越地震は、この新しい体制を試す機会を提供した。だが、モンゴルから毛布520枚、韓国から飲料水2リットルボトル1万本、米国からのビニールシート1万枚(そして5万ドルの援助金や10万ドル分の救援物資の輸送支援)という物資の支援があった他は、経済的援助のみであった。新しい体制は真の意味では未だ試されていないのである。日本で大規模災害が発生する前に、日米両国、特に在日米軍と自衛隊が上記の計画に欠落する部分を埋め合わせる努力を払うべきであるというのが、筆者の見解である。そこで、次節では、大規模災害時に在日米軍が提供できる資産を説明したい。

5　即時使用可能な財産としての在日米軍とその基地

米軍が日本に駐留する隣人でありながら、「国際支援」として扱われ、官僚的なプリズムから見られているのは、防災計画の決定的な問題であると筆者らは強調している。この状況は、次のいくつかの理由で非合理的かつ自滅的なものだと考えている。

第一の理由は、時間の問題である。この問題は、捜索救難活動の初期の段階で特に重要である。地震のような災害発生の直後には、時間が決定的な意味を持つ。迅速に救出されなければ、瓦礫の下にいる被害者は死ぬことになる。米軍（と自衛隊）の基地は非常に優れた捜索救難隊を保有する。彼らは、救難活動の全ての対応に備えているが、任務は基地とその人員に限定されている。基地外の地域に協力が必要とされたとしても、彼らは、政治と行政の問題に巻き込まれてしまうことになろう。従って、彼らが、迅速に対応することができ、なおかつ、地元の救援活動との間に摩擦が生じないためには、事前に、協定を結び、地元の政府関係者との関係を築いておくことが必要なのである。

例えば、山口県にある米海兵隊岩国航空基地の主要事件捜索救難隊（Major Incident Response Search and Rescue Team）は、岩国市との間で相互支援協定を２００２年３月28日に締結した。この協定によって、岩国市は、24人以上の経験豊富で、よく訓練を受け、完全に装備され、常に準備を整えている救難隊員による災害救援を期待できるようになった。

岩国市の関係者が、この救難隊を地元の財産として考えるのは自然なことである。それは、基地が市内にあるからだけではなく、海兵隊によって管理されている基地の消防隊隊員の大半は日本人であり、岩国の市民であるからである。近隣地域に住み、近所の友人や家族を救出することになるかもしれない救援隊を、「国際支援」として考えるのは非合理的である。他の基地も、同様の能力を持つ捜索救難隊を擁するが、周辺の地方自治体には、相互支援協定を結んでいないところが多い。

医療支援はもう一つの課題である。上記の捜索救難活動のように、これを有効に実施するには、早期に医師を被災地に派遣しなければならない。捜索救難活動隊と違って、軍医療は、比較的に長く配備される。軍医療は、柔軟に、機動的に、そして、能率的に、多くの患者に対応しなければならないため、優れた設備を持ち、優秀なスタッフを持つ。多くの場合、被災地に迅速に到着することが可能であり、数時間内に起動できるのである。

例えば、米海軍マーシー級の病院船の能力を考えよう。各船には、1、000床のベッド、12の手術室、放射線医学施設、医療実験室、線体軸断層撮影装置などを持っている。数機のヘリや、また、接岸する埠頭から搬送されて来た患者に同時に対応できる。同船は、一たん配備されると、90日間は再補給の必要はなく、電気、飲料水、下水などで自活可能だ（注19）。民間の病院は、震災を生き残ったとしても、ここまでは自活できない。主要な都市のほとんどが海からアクセスできる島国日本でこそ、このような船が非常に貴重な財産たりえるのである。米陸軍も、移動可能な大型トラックに医療施設を積み込み、到着後直ぐ機能することができる。

軍関係者の間では、「素人は戦術を語り、職業人はロジスティックスを語る」という格言がある。前述したように、軍は、**表1**（そのうち、②から⑩までは殆どはロジスティックスの問題）が示すロジスティックス任務に独特な能力をもっている。軍のロジスティックスは、インフラが僅かしか残されていないか、あるいは、存在しない場所で機能できるようになっている。大災害後の都市は、まさに同様な状態に直面するため、軍のロジスティックスが求められるのである

まず、最初に必要とされるのは、被災地へのアクセスを確保することである。それは、救援隊が入り、被害者、避難者の脱出を可能とするためである。工兵は、近づきにくい場所に短期間で接近する能力を持つ。大型機械をもっている工兵は、道を通すために障害物を除去し、必要であれば橋を作り、更にインフラの復興や物品の交換ができるような訓練を受け、経験を積

んでいる。

救援活動において、被災地へのアクセスを確保する最も重要なツールはヘリである。災害の専門家は、およそ、ヘリの重要性には言及するが、なぜか、そのことが軍のヘリこそ重要であることを意味することに、無自覚である。言い換えれば、軍のヘリは、リフトやその他の特殊な能力を持つが、民間のヘリはそれらを持っていない。そもそも民間のヘリは、その数も比較的少なく、小型である。したがって、小さい災害においても、すぐに酷使されてしまう。これに対して、軍は、多数の乗員と担架を搭載することが可能な数多くのヘリを持つ。軍のヘリは、往復で数時間を飛ぶことができ、軍船や一時的な燃料補給場で補給もできる。軍のヘリは、捜索救難隊や、多くの供給物を運搬することもできる。サッカーグラウンドや駐車場のような平坦地で支援を行うことができる。さらに、海兵隊の新しいMV－22オスプレイ機は、これらのヘリの能力に加えて、固定機のスピードをも有する。

もちろん、ヘリやその他の軍の飛行機は、通過の許可、空域、航空管制などが必要である。災害によって民間の航空管制が運用不可能になっていれば、米軍は、民間航空管制が再び機能するまで、一時的にレーダーや管制設備を設置し、航空管制のサービスをも提供することができる。

被災地へのアクセスが確保され、捜索救難活動や医療が行なわれていけば、次に必要となるのは、中期的な生活支援である。すなわち、被災者に対する食料、飲料水、服、避難所等の提供である。工兵や兵站は、この分野においても優れた役割を果たすことができる。まず、軍は、大量の食料や飲料水を被災地まで輸送することができる。MREレーション（戦闘糧食）は、簡単に運ぶことが可能であり、食堂ができるまで人々に十分な栄養を与えることができる。24種類の完全な食事のMREレーションがある。各MREには、1，300キロカロリーが含まれるため、割合体型が大きく活動的な大人でも、一日二つのMREだけで生きることができる。なお、最近のMREは比較的美味しい。また、ボトルの水を提供する以外にも、米軍が提供できる船は、自ら水を蒸留する機能を持つ。

より長期的には、工兵は、テントやプレハブの施設、食堂、風呂やトイレ、発電機、水の浄化、医療施設、消防署、電話などの通信施設、そしてレクリエーション施設などを含む臨時的な街を建設することができる。筆者（ウッドフィン）は数か月間にわたってこのような臨時的な施設で生活したことがあるが、最初の段階は基本的なサービスしか提供できないが、徐々に心地よい施設になる。避難者が元の家（町）に戻ると、この臨時的な施設は撤去できる。

　中、長期的な支援を行うためには、大きな輸送能力が必要だ。軍は、このようなロジスティックスの要請に対応できる。上記で述べた必要とされるロジスティックスの装備は、すでに事前集積船（Maritime Prepositioning Force＝ＭＰＦ）に搭載している。このＭＰＦは必要なら、被災地まですぐに動くことができる。このような船以外にも、米軍は、利用可能な空港に数多くの輸送機で人員や物品を搬送可能である。このように、**表1**に記載されている支援可能性の分野のほとんどは米軍がすでに行っている活動であり、しかも、米軍は、他の組織以上の役割を果たすことができるかもしれない。とりわけ、ロジスティックスの分野では、そうであろう。

ところで、米軍を日本の防災計画の準備に事前に参加させるもう一つの利点は、米軍には、救援活動、人道支援およびロジスティックスにおいて豊かな経験があることだ。防災計画に米軍を参加させれば、これらの経験を活かすことができるのである。

　例えば、米軍のＭＰＦに関する体験は注目されるべきである。日本は、将来の被災地に想定される地域に緊急物資を集積しているが、これらの倉庫は同じ災害に影響されやすいため、破壊されなくても、周辺住民の役にしか立たない。この予測される状況に対して、米海軍と米海兵隊の兵站の例を参考にすれば、日本は、事前にいくつかの貨物船に食料、飲料水、毛布、避難所、医療等を搭載し、それらを津波の被害を受けない港湾に待機させ、災害発生の直後に被災地に向かわせることが可能となる。また、必要が生じたら、それらを海外に派遣することもできる。軍のロジスティックス関係者は、このような準備をするために、何をすればよいか、どのように維持し、どういった訓練や計画が必要なのかといった知識を持っているのである。

米軍は、さらに、もう一つの貢献が可能である。それは、若くて、積極的で、勤勉な大勢のマンパワーの提供である。救難活動や障害物の除去作業が求められる災害の初期段階においては、とりわけ、マンパワーが重要である。また、それらは、中・長期的に必要とされる、避難所での物資の配布作業にも役に立つ。なぜなら、重労働となる物資の配布は、現場の仕事に追われる救援隊にはその余裕がないし、負傷したり、大災害にショックを受けてパニック状態にあったりする住民にとっても手に余る作業だからである。しかし、軍が提供するマンパワーは、自分の食料、宿舎等を持つために自活可能であり、したがって長期にわたる滞在も可能なのである。むろん、任務が終了すれば、早期の撤退も可能である。

日本から見れば、災害救援で米軍を利用するには、二つの問題があろう。まず米軍には、独自の防災計画があり、日本側の防災計画と調整されていないため、それらが実施される際に、衝突しかねない。（これは軍だけの問題ではない。ＮＧＯ／ＮＰＯなどの国際支援団体の支援計画も、日本の防災計画に合致するとは限らない。）これは、災害への対応に追われる政府と被災地で現場の指導に当る人々にとって、不要な摩擦となりかねない。もう一つ想像しうる問題は、言葉の壁である。例えば、米軍の関係者の多くは、日本語を喋らないため、被災地に到着しても十分な救援ができないと思われる。

しかし、事前の準備と調整とによって、これらの問題は、解決可能であろう。例えば、事前に調整を行っておけば、災害時に米軍に同行する通訳官や渉外関係者が、米軍が具体的にどのような任務にあたるのかということを事前に把握しておくことも可能であろう。特に、日本語での会話が可能であり、なおかつ、日本での生活経験を持つ海外地域専門士官（Foreign Area Officers）たちは、災害時において、重要な役割を果たしうる存在であり、可及的速やかに貴重な財産として利用すべき人材である。

言葉の壁や手続きの違いを解決するためには、米軍が語学や地域専門家を同行させることに加えて、もう二つの方法がある。第一に、先述した阪神・淡路大震災の教訓について研究報告書をまとめた河田惠昭博士の提言である。現在、２００２年４月に創設された、人と未来防災センター長を務めている河田博士の提案は、１９８７年に成立し、その後４回ほど修正されてきた「国際緊急援助隊の派遣に関する法律」を改正し、日本隊員が外国隊員と一緒に行動できるようにするというものである（注20）。具体的に、河田博士は次の提言を行っている。「問題は、海外からの救援隊の受け入れである。これに伴うあらゆる事項を被災自治体に準備させることは基本的にやめるべきである。むしろ肩代わりできる組織を新たに用意すべきである。現状では、『国際緊急援助隊の派遣に関する法律』等を改正し、国内外でも活動できるようにし、名前を『災害緊急援助隊』と改め、所管を内閣官房内閣安全保障・危機管理室に移行すべきである」（注21）。筆者らは、国際緊急援助隊が、米軍（在日の兵力および海外から応援する兵力）と一緒に行動する際、同種のモデルを用いることができると考えている。

同報告書に紹介されているように、国内調整と予防対策に進展はあったものの、残念ながら、上記の提言そのものは未だに採択されていない。河田博士によれば、実現できれば「風土、文化、生活慣習に不案内な外国からの救援隊に対して、マンツーマン的な支援対応によって、初動の効果を上げることができる」という。さらに、河田博士は次のように説明する。「現状の国際緊急援助隊は警察官、消防隊員、海上保安官がそれぞれ500人ずつ、計1,500人が登録されているが、海外への出動経験のない、もしくは少ない隊員が圧倒的に多い。このため、国内での海外援助隊への支援活動で海外からの外国隊員と一緒に行動することが海外派遣訓練につながる」

筆者らは、このような河田博士が述べた理由に賛同し、そこに、それなりに十分な理由を認めるものである。なぜなら、河田博士の提言を実行すれば、米軍と地元の救援活動の間に相乗作用が生まれると考えられるからである。この問題を克服するもう一つの方法は、自衛隊、とりわけ陸上自衛隊と直接一緒に作業をすることである。彼らは、英語の力を持ち、また災害救援活動に経験があるからである。

6 提 言

米軍からの支援を制度化し、それがタイムリーかつ有効であることを確保するために、筆者らは次の提言を行う。

(1)　米国と日本が、日米のどちらかの国の対応能力を超える震災に、支援を行うという「災害における相互支援と協力に関する協定」(仮名)を締結すべき。この協定は米国の大統領と日本の内閣総理大臣によって署名されるべきである。なお、毎年、両政府高官の間で防災計画、評価、最近の対策、教訓、対応能力などを互いに紹介すべき。

(2)　今後の日米間の合同演習には、東海および東南海地震と津波のシナリオを盛り込むべき。これによって、米軍が支援する際の問題とそのタイミングが明確になる。さらに、2004年のインド洋の津波等その他の災害から得られた教訓を、神戸にある人と未来防災センターや国連人道問題調整事務所の代表から聴取することができる。

(3)　これらの合同演習、協議と計画において、役割と任務の分担を決めなければならない。米軍が自衛隊と共に活動するのか、それとも(河田が提言する)災害緊急援助隊、地方自治体やその他全ての救援従事者と一緒に行動すべきか。

(4)　日本政府は被害想定やその対策をはじめ、SOPが更新される度に、英語の翻訳を用意し、各国大使館に配布すべき。

(5)　同様に、内閣府は、被害想定、防災対策などを定期的に米国大使館をはじめ、各国大使館にブリーフィングするべき。

(6) 日本政府は、関係する地方自治体が近くの在日米軍とどこまで合同防災計画を立てたかを確認すべき。

(7) 在日米軍、特に災害において支援するために直接に派遣されている部隊幹部が最も被害を受けるであろう地域を訪問し、現地自治体との交流をはかるべき。その訪問先としは、1995年の阪神・淡路大震災の被災地（神戸）や最近の被災地の新潟を含むべき。なお、東京では、災害の想定と対策にあたる関係者との会議を設けるべき。

(8) 地理的な条件のため、岩国（四国が防壁となる）と沖縄（最南端に位置する）は、東南海の地震と津波から救われ、被害を受けないと考えられる。防衛などの作戦ニーズに支障がない限り、日本政府に施設を最大限に提供する検討を行うべき。

7 結論

これまでに検討してきたように、将来、日本が自国の対応能力を超える大規模災害に遭遇する可能性は、極めて高い。しかし、現在、政府による防災計画には在日米軍が組み込まれておらず、関係者すら、その必要性をあまり認識していない。筆者はその状況を早急に改善するべきであると考える。

米軍は、日本に駐留しており、最新技術をはじめ、人道支援のための輸送やその他の能力、経験、人員を有しる。日本は、これを可及的速やかに貴重な資産として活用すべきである。良き隣人とは、危機にあるとき、お互いに助け合うものである。筆者らは、日本が米国にとっても大切な友人あるいは隣人であると見ており、カトリーナのような米国での災害においては特に重要な役割を果たしてくれると考えている。そのため、上記の協定は、相互的なものでなければならない。上記の提言は、もっぱら日本国内の災害に言及するものとなっているが、提言が対象とする災害は決してそれに限定されるものではない。

日米関係は常に変化し、進化そして成熟化している。しかし、こと災害支援の分野に至っては、未だ両国の努力が認められないのである。今後は、せめて、阪神・淡路大震災の時のように、日本が国際支援を拒否するといった過ちは繰り返し見たくないものである。もう一つ見たくない過ちがある―日本航空123便墜落時の救援活動において発生した知られざる事件である。同機が御巣鷹山に墜落した数分後、実は、米軍のヘリが厚木基地から事故現場に急行していたという。だが、理由は不明だが、そのヘリは、途中で日本政府の指示を受けた米軍当局に帰還するように命令されたのであった。残念ながら、自衛隊などの救援隊が事故現場に到着したのは、翌朝のことであった。結局、事故現場に残されていたのは、四名の生存者のみであった。墜落を生き抜いたにもかかわらず、気温の低さから犠牲になった人々もいたようである。日本政府にプライドをかなぐり捨てる少しの勇気があれば、事故直後に到着できたはずの米軍ヘリが、その生存者を助けることもできたという。不幸にもこのような悲劇が発生してしまったとき、政府は、人々の命を救い、苦しみを和らげるために、活用できる資産の全てをそこに投入しなければならない。本提言において、述べてきたように、在日米軍は、正にこのような日本の資産なのである。筆者らは、日本政府がこの事実を速やかに認識せんことを望むものである。

（注1）大阪大学大学院国際公共政策研究科助教授兼同大学院国際安全保障政策研究センター日米同盟部門ディレクター

（注2）大阪大学大学院国際公共政策研究科国際安全保障政策研究センター研究員、米海兵隊少佐

（注3）シンポジウムの報告書は：http://www2.osipp.osaka-u.ac.jp/~cissp/index.html　この発言は同上の報告書の76ページにある。

（注4）カトリーナへの対応の教訓については、次の米大統領府の報告書を参照。White House, The Federal Response to Hurricane Katrina: Lessons Learned (February 2006), available at: http://www.whitehouse.gov/reports/katrina-lessons-learned.pdf.

（注5）小説家の小松左京は、１９７３年の『日本沈没』において、既に日本の脆さを指摘している。

（注6）本稿をまとめた時期（２００６年3月）に、日本では、九州、北陸などで相次いで地震があった。

（注7）阪神・淡路大震災の経済的なダメージは、日本のＧＤＰの３％に相当した。

（注8）太平洋地域におけるチリ地震の被害については、Brian F. Atwater, Marco Cisternas V., Joanne Bourgeois, Walter C. Dudley, James W. Hendley II, and Peter H. Stauffer, "Surviving a Tsunami: Lessons from Chile, Hawaii, and Japan," *U.S. Geological Survey*, Circular 1187 (1999), http://pubs.usgs.gov/circ/c1187/ を参照。

（注9）内閣府防災担当「我が国で発生する地震」http://www.bousai.go.jp/jishin/chubou/taisaku_

gaiyou/pdf/hassei-jishin.pdf)

（注10）同右。

（注11）同会議は、米国の Institute for Foreign Policy Analysis との共催であった。最終報告書については、James L. Schoff, *Crisis Management in Japan and the United States* (Dulles: Brassey's, 2004）を参照。

（注12）人口密度で言えば、東京は神戸の倍である。すなち、神戸では2、759人／㎢に対して、東京は5、655人／㎢。

（注13）エルドリッヂが、その低い見積もりについて、その代表に質問した。彼は、非公式にはその疑問が正しいことを認め、東京都は「都民にパニックを起こさない様に」意図的に低い数字を用いていると説明した。阪神・淡路大震災の直後に発表されたある論文は、同様に、政府の公の数字を「お役所のおとぎ話(Official Fairy Tale)」と否定している。Kyoko Chinone, "The Tokyo Earthquake: Not 'If,' but 'When.'" *Tokyo Business Today,* April 1995, p. 9。同誌は、阪神淡路震災や日本の防災計画についていくつかの大変参考になる論文を掲載している。米スタンフォード大学の土木関係の教授 Haresh C. Shah の研究によれば、関東にM7・9の地震が再び直撃したら、「3万か

ら6万の死者および8万から10万人の負傷者を出し、2・1から3・3兆ドルの経済的な被害を起こす可能性がある」と指摘している。同研究については、http://www.stanford.edu/dept/news/pr/96/960110greatquake.html を参照。

(注14)『防災に関してとった措置の概況　平成17年度の防災に関する計画』(刊行した場所と時期は明記されていないが、５５０ページの当報告書は、２００５年1月21日から始まった第１６２回通常国会のために作成されたものと思われる)。

(注15)米国の支援申入れについての詳細は、阪神・淡路大震災の対応に関わった日本在住の米陸軍の関係者から提供された。報告書については、河田恵昭「海外からの応援部隊の受け入れの課題とあり方」兵庫県企画管理部防災局防災企画課震災対策国際総合検証会議事務局『阪神・淡路大震災震災対策国際総合検証事業検証報告書』、２７２ページを参照。

(注16)阪神・淡路大震災以来の10年余り、その教訓の研究や政府の対応への批判に関する論文は数多い。最も早く発表された一つは、野田信夫「『例外状態』における国家」『諸君!』(１９９５年3月号)、40~47ページを参照。

(注17)Glen S. Fukushima, "Lessons from the Quake," *Tokyo Business Today*, April 1995, p. 48.

（注18）「海外からの支援受入れに関する関係省庁連絡会議申し合わせ」１９９８年10月20日作成。
（注19）インド洋の地震と津波に対応した米海軍メーシー級の病院船については、http://www.globalsecurity.org/military/systems/ship/tah-19.htm を参照。
（注20）同法律は、http://www.houko.com/00/01/S62/093.HTM に掲載されている。
（注21）河田恵昭「海外からの応援部隊の受け入れの課題とあり方」２５８ページ。

世界的に尊敬された君塚大将を悼む——米国の旧友として

ロバート・D・エルドリッヂ

2011年8月から2013年8月まで陸上幕僚長を務め、東日本大震災で東北方面総監として統合任務部隊（JTF-TH:Joint Task Force - Tohoku）を指揮したことで知られる君塚栄治大将が亡くなられたことに、私は友人として深い悲しみを覚えている。享年63歳だった。

昨年12月28日、彼は入院先の病院

君塚栄治 第33代陸上幕僚長

東北方面総監在任時に発生した東日本大震災においては自衛隊の統合運用史上最大となる10万人規模からなる陸海空の統合任務部隊の指揮官を務め、その功績により東北方面総監からは初となる陸上幕僚長への昇格を果たした。没後に従三位に叙され、瑞宝重光章を追贈された。

で肺がんのため急逝した。少し前に私は彼の妻から「夫は11月の下旬より入院しています」というメールを受けとっていたが、それほど深刻だとは気づかなかった。彼とはずっと以前からやりとりがあり、いま私が書き進めている本——米軍による大規模な救援活動「トモダチ作戦」について——に関連して、いくつか質問をしていた。通常と違って返事は数日後だったが、今度は彼の妻からであり、そこには彼が教えてくれた丁寧な内容が記されていた。

私が君塚さんに初めて会ったのは2004年8月のこと、那覇に駐屯する陸上自衛隊第1混成団（現在は第15旅団）の団長をされていた。当時の私は大阪大学大学院の准教授で、ハワイにある米国海兵隊で客員研究員兼政治顧問として1年間の在外研究に出かける直前だった。

その後、君塚さんは陸上幕僚監部人事部長を経て2006年7月に中部方面総監部幕僚長・伊丹駐屯地司令に就任。同じ関西で仕事をしていたこともあるが、彼の献身的なまでの地元との関係作りを通じて、関係はさらに深まった。陸将に昇進し、西部方面隊第8師団長を務めた後は、私の恩師である五百籏頭真・神戸大学名誉教授が学校長を務める防衛大学校の幹事になられてから、その関係でしばしばお会いする機会があった。

2009年7月に第34代東北方面総監に就任、その20か月後にかの地を大震災が襲った。彼の部隊はしっかりと準備され、地元とも深いつながりを築いていたため比較的スムーズに対応ができたし、米軍関係者との緊密な関係もうまく対処できた要因の1つだった。

海兵隊（後に在日米軍）の前線司令部の政治顧問として仙台駐屯地に到着した際、私は旧友と再会する気持ちのかたわら、彼のもとで、彼のために仕事ができることを誇らしく思ったものだった。君塚さんも、私が居ることで内心ほっとしていたそうだ。

君塚さんは、震災当時の在日海兵隊のトップ、ケネス・グラック中将とも以前から交流があった。第1混成団の団長（陸将補）だった頃、グラック中将は第3海兵遠征旅団長（准将）でお互いにカウンターパートであり、組織のリーダー同士でもあった。

君塚さんは親切で、思慮深く、あるいは慎重だったと言う人もいる。震災対応のため朝晩行われるミーティングは毎回2時間にも及び、自分の考えや様々な情報を共有し、士気を高めるだけでなく何らかの教訓をもたらした。ある晩、彼は3月16日に天皇陛下が悲劇に見舞われた国民に向けて述べられたお言葉——その中で自衛隊の働きを称賛されていた——に言及した。それは、疲労とストレスが高じつつあった自衛隊の仲間たちにとって、とりわけ意味深いことだった。

彼は細部にまで気を配る人だった。スキューバダイビングを愛し、深く潜るのが好きだったが、それは仕事においても同じだった。事実、文脈、ニュアンスについて深く追求した。常に厳格ではあったが、礼を失することは決してなかった。ずっと後になって、「ミーティングはセミナーみたいでしたね。教授が最後に議論をまとめ、参加者に知恵を授けるんですから」と申し上げたのは、教育者である私としては褒め言葉のつもりだった。ご本人は、そうは受け止めらなかったかもしれないが。

その年8月、周囲の予想に反して君塚さんが陸上自衛隊のトップ（陸幕長）になったのは、指揮官としての実際の経験が必要とされたからだった。加えて、トモダチ作戦の中で、彼は米国海兵隊・海軍のチームが持つ水陸両用の作戦能力を目の当たりにした。それは日本にとって不可欠なものであり、自衛隊の統合運用に苦労した経験も東日本大震災以降の陸上自衛隊を導くために活かされるだろう。間違いなく、彼は陸上自衛隊を前進させたのだ。

昨年11月6日、私が橋渡しをして、君塚さんは米国の大学で震災について講演をした。講演の後、地元の日米協会の前会長が、講演がいかに「素晴らしい」もので、君塚さんが「非常に印象的な紳士」であったか、私に書き送ってくれた。

まったく同感である。君塚大将のご冥福を祈る。

あとがき

私はもはや米国海兵隊に勤めておらず、本書で紹介している提言や政策を実施できる公的な立場で無いことから、より一層この本を通じて読者の皆様に伝達する重要性を感じています。先日、気仙沼市の震災から5周年の追悼式に参列しましたが、この本で紹介する低減を発表する意義を改めて痛感しました。

これらの提案が杞憂であることを祈っていますが、もし万が一、いざという時に使用する必要がある場合には、結果として、本書によってより良い備えができていることと信じています。

この感情は、これらの提言を〝謙虚に提供し……よって改善がなされることでしょう〟と述べ、さらに、自衛隊や米軍そして地域社会が2011年の東北で得た教訓を活かし、〝より効果的に対応できることを願っています〟と述べた第1章の著者によっても共有されています。

この本は単に過去の教訓を論じるものではなく、〝未来の教訓〟すなわち将来の失敗から学ばなければならない教訓を減らすことにも繋がっています。日本人は、実感しないと学ばないと言われていますが、ぜひ親日派として皆さんの代わりに私が実感したこと、経験したこと、考えてきたことを提供させてください。言い換えると、本書における様々な議論を取り入れ世に広めることで、私達は、一緒に、未来の被害を減らすことができると願っています。

私は、本書やこれまでの拙著における提言を元に、皆様の国や地域社会、または組織の災害に対する更なる備えを支援するため、私の問い合わせ先を公開したいと思います。もし皆様の地域や組織が更なる議論を必要としているのなら、robert@reedintl.com または近代消防社の三井栄志さん（kinshou@ff-inc.co.jp）を通してどうぞお気軽にご連絡ください。

最後に、このプロジェクトにおいて多大なご支援を賜りました三井氏と、最初に私達を紹介して頂いた日本安全保障・危機管理学会ワシントン事務所長及び Global Issues Institute 代表取締役の吉川圭一氏に、心から感謝を申し上げたいと思います。また、神戸大学大学院の時代の恩師で、東日本大震災の後、復興構想委員会の委員長を務めた五百旗頭真先生の20年以上のご指導、トモダチ作戦中、日本政府と米軍の貴重な架け橋になっていた米津等史元国会議員の努力と協力、そして、災害や人災について長年小説家として取り組んできた高嶋哲夫氏のいつもの助言に敬意を表したい。さらに今回の本の執筆に当たって、翻訳の手伝いをしてくれた、留学される前に2013年度在沖海兵隊太平洋基地でインターンを務めた沖縄県出身の池宮佳秀氏に厚く御礼を申し上げたい。明るく賢く、国際性に溢れ積極的で頼られる存在で、彼をみて、日本の将来に安心しました。そして、マクマニスのオーラルヒストリーのテープおこしを丁寧にしてくれた娘のエルドリッヂ・愛未に感謝したい。こういう形で初めて、一緒に本を作りましたが、最後ではないと気がします。

そして私は、この素晴らしい国である日本において災害対応の最前線で活躍しておられる人々、特に自衛隊や警察、消防、その他の救急に従事する全ての男女に本書を捧げたいと思います。次の大震災で再び日本人を救うのは、今本書を手に取るあなたかもしれません。そしてその時、おそらく救援に駆けつけてくれる米国側の人々、特に米国海兵隊あるいは米軍全体とどのように連携を取れば良いのか、本書がより良い理解の助けとなることを願っています。

ロバート・D・エルドリッヂ

《編者紹介》
ロバート・D・エルドリッヂ
昭和43年、米国ニュージャージー州生。パリ留学等を経て平成２年５月リンチバーグ大学卒(国際関係論)。同７月、来日。平成11年、神戸大学大学院法学研究科博士課程後期課程修了。政治学博士。サントリー文化財団、平和安全保障研究所等の研究員を経て平成13年大阪大学大学院国際公共政策研究科准教授。平成16年～17年、在外研究先としてハワイにある海兵隊太平洋軍政治顧問。平成21年９月、沖縄県にある在日海兵隊基地司令部政務外交部次長就任。平成27年５月退任。平成28年４月、一般財団法人アジア太平洋研究所主席研究員就任。著書に、『沖縄問題の起源』（名古屋大学出版会、2003年、サントリー学芸賞、アジア太平洋賞）、『尖閣問題の起源』（名古屋大学出版会、2015年）、『だれが沖縄を殺すのか』（ＰＨＰ研究所、2016年）など多数。

KSS 近代消防新書
009

次の大震災に備えるために

アメリカ海兵隊の「トモダチ作戦」経験者たちが提言する軍民協力の新しいあり方

編　者　ロバート・D・エルドリッヂ

2016年5月20日　発行

発行所　近代消防社
発行者　三井　栄志
〒105-0001　東京都港区虎ノ門２丁目９番16号
（日本消防会館内）
読者係（03）3593-1401㈹
http://www.ff-inc.co.jp

ISBN978-4-421-00886-9　C1236
価格はカバーに表示してあります。